# Ciencia de los datos

*La guía definitiva sobre análisis de datos, minería de datos, almacenamiento de datos, visualización de datos, Big Data para empresas y aprendizaje automático para principiantes*

© **Copyright 2019**

Todos los derechos reservados. Ninguna parte de este libro puede ser reproducida de ninguna forma sin el permiso escrito del autor. Los reseñantes pueden citar pasajes breves en los comentarios.

Cláusula de exención de responsabilidad: Ninguna parte de esta publicación puede reproducirse o transmitirse de ninguna forma ni por ningún medio, mecánico o electrónico, incluidas fotocopias o grabaciones, ni por ningún sistema de almacenamiento y recuperación de información, ni transmitirse por correo electrónico sin la autorización escrita del editor.

Si bien se han realizado todos los intentos para verificar la información provista en esta publicación, ni el autor ni el editor asumen ninguna responsabilidad por los errores, omisiones o interpretaciones contrarias del contenido aquí presente.

Este libro es solo para fines de entretenimiento. Las opiniones expresadas son solo del autor y no deben tomarse como instrucciones u órdenes de expertos. El lector es responsable de sus propias acciones.

El cumplimiento de todas las leyes y normativas aplicables, incluidas las leyes internacionales, federales, estatales y locales que rigen las licencias profesionales, las prácticas comerciales, la publicidad y todos los demás aspectos de realizar negocios en los EE. UU., Canadá, el Reino Unido o cualquier otra jurisdicción es de exclusiva responsabilidad del comprador o lector

Ni el autor ni el editor asumen ninguna responsabilidad u obligación alguna en nombre del comprador o lector de estos materiales. Cualquier desaire percibido de cualquier individuo u organización es puramente involuntario.

# Índice

**PRIMERA PARTE: CIENCIA DE LOS DATOS** ............................................. 0
**INTRODUCCIÓN** ..................................................................................... 1
**CAPÍTULO 1: ¿QUÉ ES LA CIENCIA DE DATOS?** ................................ 3
**CAPÍTULO 2: EL ARTE DE LA CIENCIA DE DATOS** ........................... 13
**CAPÍTULO 3: LA CIENCIA DE DATOS COMO UN AGENTE DE CAMBIO** ................................................................................................... 21
**CAPÍTULO 4: TÉCNICAS DE LA CIENCIA DE DATOS** ........................ 29
**CAPÍTULO 5: VISUALIZACIÓN DE DATOS** ........................................ 39
**CAPÍTULO 6: APRENDIZAJE AUTOMÁTICO PARA LA CIENCIA DE DATOS** .................................................................................................... 46
**CAPÍTULO 7: CIENCIA DE DATOS Y ANÁLISIS DE LA BIG DATA** ..... 55
**CAPÍTULO 8: HERRAMIENTAS DE CIENCIAS DE DATOS HACIA LA CIENCIA DE DATOS** ................................................................................ 65
**CAPÍTULO 9: SEGURIDAD DE DATOS - PROTEGER LOS PRINCIPALES ACTIVOS EMPRESARIALES** ............................................. 74
**CAPÍTULO 10: DOMINANDO SUS DATOS CON PROBABILIDAD** ........ 84
**CAPÍTULO 11: DATOS EN LA NUBE** .................................................... 94
**CAPÍTULO 12: REDES NEURONALES ARTIFICIALES** ....................... 101
**CAPÍTULO 13: MODELADO Y CARACTERIZACIÓN DE LA CIENCIA DE DATOS** ............................................................................................. 106

CAPÍTULO 14: CINCO TÉCNICAS DE MINERÍA QUE LOS CIENTÍFICOS DE DATOS REQUIEREN EN SU CAJA DE HERRAMIENTAS................................................................... 113

CAPÍTULO 15: EL CONCEPTO DE ÁRBOLES DE DECISIÓN EN LA CIENCIA DE DATOS ............................................................. 120

CONCLUSIÓN ............................................................................ 125

SEGUNDA PARTE: CIENCIA DE DATOS PARA EMPRESAS............ 127

INTRODUCCIÓN ....................................................................... 128

CAPÍTULO 1: ¿QUÉ ES LA CIENCIA DE DATOS?...................... 129

CAPÍTULO 2: ¿CÓMO FUNCIONA LOS GRANDES VOLÚMENES DE DATOS EN LA CIENCIA DE DATOS? ........................................ 139

CAPÍTULO 3: ANÁLISIS EXPLORATORIO DE DATOS................. 146

CAPÍTULO 4: TRABAJAR CON MINERÍA DE DATOS ................. 150

CAPÍTULO 5: TEXTO DE MINERÍA DE DATOS.......................... 155

CAPÍTULO 6: ALGORITMOS BÁSICOS DE APRENDIZAJE AUTOMÁTICO PARA CONOCER ............................................... 160

CAPÍTULO 7: MODELADO DE DATOS ...................................... 174

CAPÍTULO 8: VISUALIZACIÓN DE DATOS................................ 179

CAPÍTULO 9: CÓMO USAR CORRECTAMENTE LA CIENCIA DE DATOS....................................................................................... 185

CAPÍTULO 10: CONSEJOS PARA LA CIENCIA DE DATOS........ 188

CONCLUSIÓN ............................................................................ 195

# Primera Parte: Ciencia de los datos

*Lo que saben los mejores científicos de datos sobre el análisis de datos, minería de datos, estadísticas, aprendizaje automático y Big Data - que usted desconoce*

# Introducción

Los datos son un recurso importante. Sin embargo, si no tiene los medios correctos para procesarlos, entonces no hay mucho de lo que pueda beneficiarse con respecto a su valor. La ciencia de datos es una de esas áreas multidisciplinares cuyo principal objetivo es obtener valor de los datos de cualquier forma. Este libro explorará el campo de la ciencia de datos utilizando los datos y su estructura. Además, describirá los procesos de alto nivel que son utilizados para cambiar los datos en valores.

Ya sabe que la ciencia de datos es un proceso. Sin embargo, esto no significa que carezca de creatividad. De hecho, cuando se adentra en las etapas de procesamiento de datos, desde las fuentes de datos crudos hasta el Aprendizaje automático y finalmente la visualización de los datos, comenzará a ver los pasos complejos que están involucrados en el trabajo con datos sin procesar.

Los pasos que se siguen para transformar los datos en bruto también varían. Por ejemplo, en un análisis explicativo, es posible que tenga un conjunto de datos limpios listo para ser importado a R, y visualice el resultado, pero no implemente el modelo.

Los datos vienen en diferentes formas, pero en un nivel avanzado, existen en tres categorías principales. Esas categorías son estructuradas, semiestructuradas y desestructuradas. Los científicos de datos son expertos responsables de recopilar, analizar e interpretar grandes cantidades de datos para ayudar a empresas y organizaciones. A lo largo de todos los capítulos de este libro, aprenderá lo que los científicos de datos saben sobre análisis de datos, aprendizaje automático, Big Data, minería de datos y estadísticas. Dado que la ciencia de datos es un campo multidisciplinario, este libro cubre conceptos muy importantes que debe conocer para convertirse en un científico profesional de datos.

# Capítulo 1: ¿Qué es la ciencia de datos?

La llegada de los datos grandes dio lugar a la expansión del espacio de almacenamiento. Como resultado, el almacenamiento se convirtió en el mayor obstáculo para la mayoría de las empresas. Además de esto, tanto las organizaciones como las empresas debieron crear una estructura y desarrollar una solución para almacenar datos. Por lo tanto, Hadoop y otras estructuras se desarrollaron para resolver este problema. Una vez que se resolvió esto, el enfoque cambió a cómo podrían procesarse los datos. Cuando se trata del procesamiento de datos, es difícil no hablar de la ciencia de los datos. Por eso es importante entender qué es la ciencia de datos y cómo puede agregar valor a una empresa. Este capítulo lo llevará a través de la definición de la ciencia de datos y el papel que desempeña en la extracción de información importante a partir de datos complejos.

**¿Por qué es importante la ciencia de datos?**

Tradicionalmente, los datos se estructuraban en un tamaño pequeño. Esto significa que no había ningún problema si quería analizar los datos. ¿Por qué? Había herramientas de BI simples que se podrían usar para analizar datos. Pero los datos modernos no están estructurados y son diferentes de los datos tradicionales. Por lo tanto, necesita tener métodos avanzados de análisis de datos. La imagen de abajo indica que antes del año 2020, más del 80% de los datos no estarán estructurados.

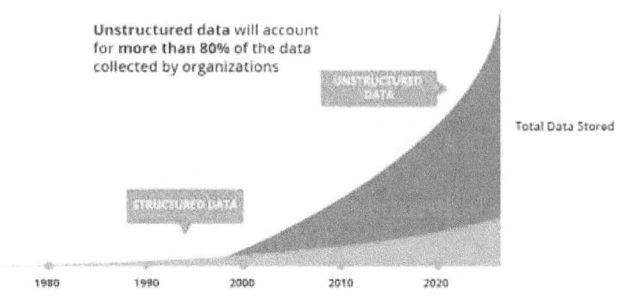

Estos datos provienen de diferentes fuentes, como archivos de texto, registros financieros, sensores, formularios multimedia e instrumentos. Las herramientas de BI simples no se pueden utilizar para procesar este tipo de datos como resultado de la naturaleza masiva de los datos. Por esta razón, se requieren herramientas analíticas complejas y avanzadas y algoritmos de procesamiento. Estos tipos de herramientas ayudan a un científico de datos a analizar y obtener información importante acerca de los datos.

Todavía hay otras razones por las que la ciencia de datos se ha vuelto cada vez más popular. Echemos un vistazo a cómo se aplica la ciencia de datos en diferentes dominios.

¿Alguna vez ha pensado en tener la capacidad de comprender los requisitos exactos de sus clientes a partir de los datos existentes, como el historial de compras, el historial de navegación, los ingresos y la edad? La verdad es que ahora es posible. Hay diferentes tipos de datos que se pueden usar para entrenar efectivamente los modelos y recomendar con precisión productos a los clientes.

Usemos un ejemplo diferente para demostrar el papel de la ciencia de datos en la toma de decisiones. ¿Qué pasa si su auto es lo suficientemente inteligente como para llevarle a casa? Eso sería genial. Bueno, así es como se han diseñado los autos automáticos para que funcionen.

Estos autos reúnen datos en vivo a través de sensores para construir un mapa de los alrededores. Basándose en estos datos, el automóvil puede tomar decisiones como cuándo reducir la velocidad, cuándo adelantar y cuándo girar. Estos autos tienen algoritmos complejos de aprendizaje automático que analizan los datos recopilados para desarrollar un resultado significativo.

La ciencia de datos se aplica aún más en el análisis predictivo. Esto incluye lugares como el pronóstico del tiempo, radares y satélites. Se han creado modelos que no solo pronosticarán el clima, sino también las calamidades naturales. Esto ayuda a una persona a tomar las medidas correctas de antemano y salvar muchas vidas. La infografía que se presenta a continuación muestra los dominios donde la ciencia de datos está causando un gran impacto.

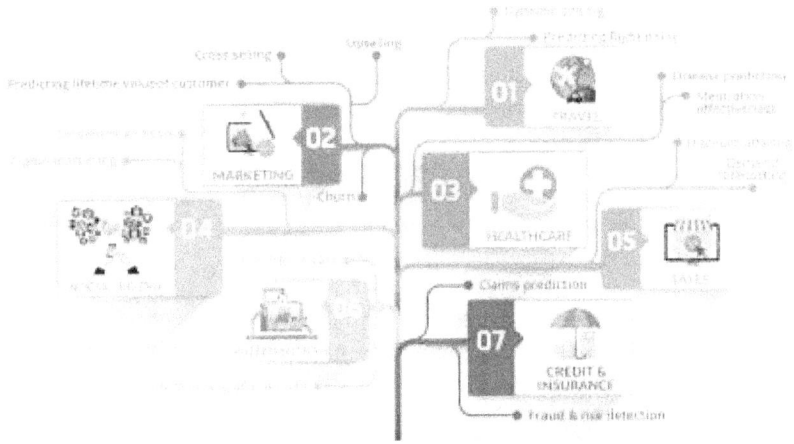

**Entonces, ¿qué es la ciencia de datos?**

Es normal escuchar el término ciencia de datos hoy en día, pero ¿qué significa? ¿Qué habilidades necesita una persona para ser llamada científico de datos? ¿Cómo se hacen las predicciones y decisiones en la ciencia de datos? ¿Hay alguna diferencia entre ciencia de datos e inteligencia de negocios? Estas son algunas de las preguntas de las que obtendrá respuestas en poco tiempo.

Primero, definamos la ciencia de datos.

La ciencia de datos se refiere a una combinación de varias herramientas, principios de aprendizaje automático y algoritmos cuyo propósito es descubrir patrones ocultos a partir de datos sin procesar. Uno podría preguntarse qué tan diferente es de las estadísticas. La imagen a continuación tiene todas las respuestas.

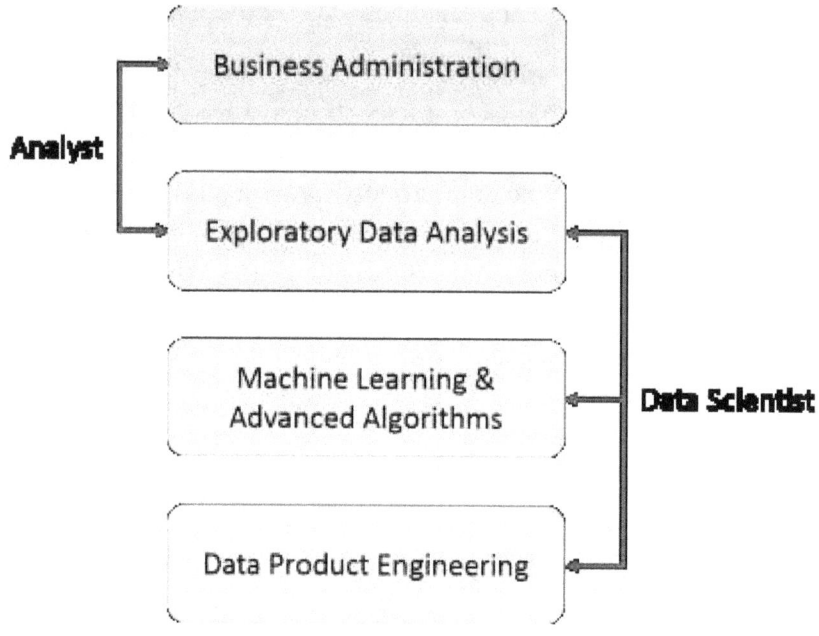

La imagen anterior muestra que un analista de datos explica lo que está sucediendo al procesar el historial de los datos. Por otro lado, un científico de datos no solo explicará cómo extraer información, sino que también utilizará diferentes algoritmos avanzados de aprendizaje automático para resaltar la ocurrencia de un evento específico en el futuro. Un científico de datos analiza los datos desde diferentes perspectivas y ángulos.

Por lo tanto, la ciencia de datos ayuda a un individuo a predecir y tomar decisiones aprovechando el análisis prescriptivo, el aprendizaje automático y el análisis causal predictivo.

- **Analítica prescriptiva.** Si necesita un modelo que tenga la inteligencia y la capacidad para tomar sus propias decisiones, entonces lo mejor es utilizar análisis prescriptivos.

Este nuevo campo da consejos; no solo predice, sino que también recomienda diferentes acciones prescritas y resultados relacionados. El mejor ejemplo para ilustrar esto es el automóvil auto-conducido de Google. Los datos recopilados por el vehículo se utilizan para entrenar a los automóviles. Puede minar más estos datos usando algoritmos para revelar inteligencia. Esto permitirá que su automóvil tome decisiones como cuándo girar, qué camino tomar, así como cuándo acelerar o desacelerar.

- **Aprendizaje automático para el descubrimiento de patrones.** Digamos que no tiene recursos que pueda aplicar para hacer predicciones; requerirá que determine los patrones ocultos en el conjunto de datos para que pueda predecirlos correctamente. El algoritmo más popular aplicado en el descubrimiento de patrones es la agrupación en clústeres. Suponga que trabaja en una compañía telefónica y que desea determinar una red mediante la instalación de torres en la región. Por lo tanto, puede usar la técnica de agrupamiento para determinar la ubicación de la torre que se asegurará de que todos los usuarios tengan la máxima potencia de señal.

- **Hacer predicciones con aprendizaje automático.** Si desea crear un modelo que pueda predecir la tendencia futura de una empresa, entonces los algoritmos de aprendizaje automático son los mejores. A esto se le dice aprendizaje supervisado; se llama supervisado porque ya existen datos que puede utilizar para entrenar máquinas.

- **Analítica Causal Predictiva.** Si necesita un modelo que pueda ayudar a predecir las posibilidades de que ocurra un evento en el futuro, debe utilizar el análisis causal predictivo.

**La ciencia de datos y descubrimiento de la visión de datos**

El principal aspecto de la ciencia de datos es descubrir los hallazgos a partir de los datos. Implica descubrir una visión oculta que permita a las empresas tomar decisiones empresariales inteligentes. Por ejemplo:

> • Destacando segmentos clave de clientes dentro de su base, así como comportamientos especiales de compra en los segmentos. Esto dirige los mensajes a diferentes audiencias de mercado.

> • Netflix extrae datos de los patrones de visualización de películas para averiguar cuál es el interés del usuario y lo utiliza para tomar decisiones.

> • Proctor y Gamble utilizan modelos de series de tiempo para comprender la demanda futura. Esto permite a una persona planificar los niveles de producción.

Pero, ¿cómo extraen los científicos de datos la visión de datos? Si alguna vez se hizo esta pregunta, la respuesta es: comienza con la exploración de datos. Cuando se enfrentan a una pregunta difícil, los científicos de datos se vuelven curiosos. Intentan encontrar clientes potenciales y comprender las características dentro de los datos. Para lograr esto, un individuo debe tener un mayor nivel de creatividad.

Además, pueden optar por utilizar técnicas cuantitativas para profundizar. Algunos ejemplos son el pronóstico de series de tiempo, el análisis de segmentación de modelos inferenciales, los experimentos de control sintético y muchos más. El objetivo es reunir una visión forense de lo que significa la información. Por lo tanto, la información basada en datos es la clave para brindar orientación estratégica. En otras palabras, el rol de los científicos de datos es guiar a las partes interesadas del negocio para que puedan aprender cómo responder a los hallazgos.

**Desarrollo de un producto de datos**

Un producto de datos se refiere a un activo técnico que hace uso de los datos como entrada y procesa los datos para mostrar los resultados de un algoritmo. Un ejemplo clásico de un producto de datos es un motor de recomendación que toma los datos del usuario y crea una recomendación personalizada en función de los datos. A continuación, se muestran ejemplos de productos de datos:

• Una visión computarizada aplicada en automóviles auto-conducidos

• Filtro de correo no deseado de Gmail

• Motor de recomendación de Amazon

Esto no es similar a los "conocimientos de datos" discutidos anteriormente donde el resultado final es generar consejos a un equipo ejecutivo para ayudarlos a tomar mejores decisiones de negocios. Al contrario, un producto de datos tiene una funcionalidad técnica que incluye un algoritmo y está desarrollado para ser encapsulado directamente en las aplicaciones principales. Algunos de los ejemplos populares de aplicaciones que tienen un producto de datos trabajando tras bastidores son:

• Página Web de Amazon

• Bandeja de entrada de Gmail

• Software de conducción autónoma.

Los científicos de datos juegan un papel importante en la creación de un producto. Esto incluye crear algoritmos, pruebas, implementación técnica y refinamiento. En este caso, los científicos de datos actúan como desarrolladores técnicos que crean activos que pueden aprovecharse ampliamente.

**Conjunto de habilidades requeridas para un científico de datos**

*Habilidad matemática*

En el centro de la minería, la información y el desarrollo de un producto de datos es el potencial para ver los datos a través de una lente cuantitativa. Hay correlaciones, texturas y dimensiones en los datos que se pueden representar matemáticamente. Desarrollar soluciones que hagan uso de datos implica heurísticas y técnicas cuantitativas.

Las respuestas a la mayoría de los problemas de negocios incluyen la construcción de modelos analíticos que se basan en las matemáticas complejas donde es importante entender el principio detrás de los modelos.

Otro concepto erróneo difundido por las personas es que la ciencia de datos es principalmente estadística. Aunque las estadísticas son fundamentales en la ciencia de datos, no es el único tipo de matemáticas aprendidas. Hay dos categorías de estadísticas: estadísticas bayesianas y estadísticas clásicas. La mayoría de las personas tienden a referirse a las estadísticas clásicas cuando hablan de estadísticas. Sin embargo, se requiere que uno tenga conocimiento de ambos tipos de estadísticas. Por ejemplo, un método común para determinar las características ocultas en un conjunto de datos es la SVD. Este método está arraigado en las matrices matemáticas y tiene poco que ver con las estadísticas clásicas. En general, es bueno que los científicos de datos tengan tanto conocimiento de matemáticas como de amplitud y profundidad.

*Ingenio para los negocios fuertes*

Es bueno que un científico de datos tenga los rasgos de un consultor de negocios táctico. Al trabajar solo con los datos, tienen la ventaja de descubrir nuevos conceptos a partir de los datos de una manera que nadie puede. Como resultado, tienen la tarea de traducir las observaciones que ven en un conocimiento compartido y recomendar estrategias en las que puedan resolver los principales problemas comerciales. Por lo tanto, un científico de datos debe poder usar los datos para crear una historia. La historia debe ser una narrativa cohesiva del problema y la solución.

*La tecnología y la piratería informática*

La piratería informática, en este caso, se refiere a la creatividad e ingenio en la aplicación de habilidades técnicas para definir soluciones inteligentes a los problemas.

La capacidad de piratear es importante porque los científicos de datos hacen uso de la tecnología para acumular conjuntos de datos masivos y trabajar con algoritmos avanzados. Esto necesitará herramientas avanzadas en lugar de Excel. Un científico de datos debe desarrollar soluciones rápidas e integrarlas con sistemas de datos complicados. Los principales idiomas vinculados con la ciencia de datos incluyen SAS, Python y R. Otros lenguajes incluyen Julia y Java.

Sin embargo, la clave no es solo dominar el idioma. Un pirata informático debe poder resolver los desafíos técnicos de manera creativa para que un código de programa pueda funcionar correctamente.

Además, un pirata informático de ciencia de datos debería tener una sólida comprensión del algoritmo. Pueden buscar soluciones a problemas difíciles y desordenados para que puedan resolverse. Esto es muy importante porque los científicos de datos trabajan en un entorno de algoritmos complejos. Por lo tanto, deben tener una mentalidad fuerte para entender datos complejos.

**Científico de datos - La curiosidad y la formación**

*La mentalidad*

Un rasgo popular de la mayoría de los científicos de datos es que piensan profundamente y tienen una intensa curiosidad intelectual. La ciencia de datos requiere que uno sea inquisitivo. Un individuo tiene que hacer nuevas preguntas constantemente, hacer nuevos descubrimientos y aprender cosas nuevas.

De hecho, no es el dinero lo que los impulsa en su trabajo, sino la capacidad de usar su creatividad para encontrar soluciones a los problemas y alimentar su curiosidad con frecuencia. La extracción de conductores de alta dimensión de los datos va más allá de hacer una observación. Al contrario, se trata de descubrir la verdad oculta bajo la superficie. Los científicos de datos son agradecidos y apasionados por lo que encuentran una gran satisfacción al enfrentar un desafío.

*La formación*

Existe la idea errónea de que, para ser un científico de datos certificado, se debe tener un doctorado. Este punto de vista no considera que la ciencia de datos sea multidisciplinaria.

# Capítulo 2: El arte de la ciencia de datos

Cuando se trata de análisis de datos, no es tan fácil como parece. Una de las razones por las que es difícil es porque solo unas pocas personas han dominado el arte del análisis de datos. Esto significa que solo unas pocas personas pueden explicar cómo se hace.

Sorprendentemente, muchas personas intentan analizar los datos diariamente, pero la mayoría fracasa en sus esfuerzos. Esto se debe a que los expertos en este campo no se han tomado el tiempo de explicar lo que piensan mientras analizan los datos.

La ciencia de datos es un arte. No es un concepto que uno pueda enseñarle a una computadora. Los analistas de datos utilizan diferentes herramientas para lograr su tarea, desde la regresión lineal hasta los árboles de clasificación. A pesar de que todas estas herramientas son conocidas por la computadora, el analista de datos tiene la función de encontrar una manera en la que él o ella puedan reunir todas las herramientas e integrarlas a los datos para desarrollar la respuesta correcta a una pregunta.

Sin embargo, el proceso de análisis de datos no se ha escrito correctamente. Si bien hay muchos libros escritos sobre estadísticas, ninguno de ellos intenta abordar cómo se puede crear una solución de análisis de datos del mundo real. Por otro lado, crear un marco importante implica clasificar los elementos del análisis de datos utilizando un lenguaje abstracto. En algunos casos, este lenguaje puede ser matemático. Por el contrario, los mismos detalles del análisis son los que hacen que cada análisis sea complejo e interesante.

**El ciclo de análisis**

Podría observar el análisis de datos y pensar que sigue un proceso paso a paso completamente lineal que tiene un resultado bien desarrollado. Sin embargo, el análisis de datos es un enfoque iterativo y no lineal que se representa mediante una serie de epiciclos. De esta forma, la información se aprende en cada paso, que luego decide si se debe rehacer y refinar el siguiente paso que ya se realizó o pasar al siguiente.

Cuando se trata de analizar datos, el proceso iterativo se utiliza en todos los pasos del análisis de datos. Además de esto, ciertos análisis de datos pueden aparecer fijos y lineales debido a los algoritmos encapsulados en el software diferente.

Por lo tanto, es importante que se entienda lo que significa el término "análisis de datos". Aunque un estudio de datos implica crear e implementar un plan para recopilar datos, el análisis de datos supone que los datos ya están recopilados. Lo más importante es que un estudio incluirá la creación de una hipótesis, el diseño de un procedimiento de recolección de datos, la recopilación de datos y la interpretación de los datos. Sin embargo, dado que el análisis de datos supone que los datos ya deberían haberse recopilado, implica el desarrollo y el perfeccionamiento de una pregunta y el proceso de análisis e interpretación de los datos.

**Hay cinco actividades principales de análisis de datos:**
1. Establecer y refinar la pregunta.
2. Explorar los datos.
3. Crear modelos estadísticos formales.
4. Interpretar los resultados.
5. Comunicar los resultados.

Todas estas actividades suceden en diferentes ocasiones. Por ejemplo, es posible revisarlos todos en un día, pero manejarlos en detalle puede llevar más de un mes. Por lo tanto, echemos un vistazo al marco general aplicado en cada una de estas actividades.

Si bien hay muchos tipos diferentes de actividades en las que se puede participar mientras se realiza el análisis de datos, cada aspecto de todo el proceso puede realizarse a través de un proceso interactivo. Lo más importante, para cada una de las cinco actividades anteriores, es recomendado que incluya los siguientes pasos:

1. Definir o establecer las expectativas.
2. Recopilar información y comparar los datos con sus expectativas.
3. Si los datos no coinciden con sus expectativas, revise o corrija los datos para que coincidan sus expectativas y sus datos.

Pasar por estos tres pasos es lo que se conoce como el ciclo del análisis de datos. Mientras navega por cada etapa del análisis, se le pedirá que revise el ciclo para revisar constantemente su pregunta, modelos formales, interpretación y comunicación. Un ciclo repetido a través de cada una de estas cinco actividades principales constituye la mayor parte del análisis de datos.

**Definir las expectativas**

En este paso, establece intencionalmente su expectativa antes de poder hacer algo, como realizar un procedimiento, inspeccionar sus datos o escribir un comando. Para el analista de datos experimentado, crear expectativas puede ser automático o un proceso subconsciente. A pesar de esto, es importante pensar en ello. Por ejemplo, si va a comprar con amigos y tiene que parar en un cajero automático para retirar algo de dinero, debe decidir la cantidad de dinero que desea retirar. Necesita tener algunas expectativas sobre el precio de las cosas que va a comprar. Esto podría ser algo con lo que no tiene ningún problema si conoce el / los precio (s) del / los producto (s) que va a comprar. Este es un ejemplo de conocimiento previo. Otro ejemplo de conocimiento previo sería saber la hora a la que cierra un restaurante específico. Usando esa información, puede programar su tiempo y actividades para presentarse en la cena antes de que cierre.

También puede obtener información adicional de sus amigos que le ayudará a crear expectativas o buscar el restaurante en Google para obtener más información sobre sus horas de trabajo. Este procedimiento que usted aplica en la información previa para desarrollar expectativas o implementar un procedimiento de análisis es el mismo que se utiliza en cada actividad principal del proceso de análisis.

**Recopilación de información**

Este paso requiere que uno recopile información relacionada con la pregunta o los datos. Para las preguntas, se recopila información haciendo una investigación bibliográfica o tratando con expertos. Para los datos, una vez que haya desarrollado algunas expectativas sobre el resultado cuando se inspeccionan los datos, está bien seguir adelante y llevar a cabo la operación. Los resultados de esta actividad incluyen datos que son necesarios para agrupar y determinar si los datos recopilados coinciden con sus expectativas.

**Comparación de expectativas**

Una vez que tenga los datos en sus manos, el siguiente paso es comparar sus expectativas con los datos. Aquí, hay dos resultados posibles:

1. Sus estimaciones de costes coinciden con la cantidad en el cheque.
2. Sus estimaciones de costes no coinciden.

Si las estimaciones de costes y la cantidad coinciden, entonces puede pasar a la siguiente actividad. Alternativamente, si sus expectativas cuestan 60 dólares, pero el cheque es de 30 dólares, entonces sus expectativas y datos son diferentes. En este caso, podría haber dos razones posibles para la diferencia: la primera es que puede tener expectativas erróneas y que necesita revisar; y segundo, el cheque puede estar equivocado y contener errores. Un indicador clave que puede insinuar el estado de su análisis de datos es la facilidad o dificultad para hacer coincidir los datos que recopiló con sus expectativas originales.

**Volumen, velocidad y variedad**

La Big Data contiene varias "V". Los principales incluyen la velocidad, la variedad y el volumen. La Big Data supera la capacidad de almacenamiento de las bases de datos normales. La escala de datos generada es masiva. Actualmente, se genera una gran cantidad de datos. Una razón para esto es el aumento de la interacción. La interacción es un fenómeno nuevo además de la transacción de datos. La interacción de datos proviene de las actividades del navegador, las grabadoras digitales personales y la ubicación geográfica.

Con la llegada del "internet de las cosas", se producen datos masivos que los humanos pasan todo el tiempo tratando de analizar.

Un buen científico de datos debería saber cómo controlar el volumen. Debe saber cómo crear algoritmos que puedan usar de manera inteligente el tamaño de los datos de manera efectiva. Las cosas adquieren una nueva dirección cuando se tienen datos gigantescos porque cada similitud se vuelve importante y uno puede sacar conclusiones falsas fácilmente. En la mayoría de las aplicaciones empresariales, la extracción de correlación es suficiente. Sin embargo, la ciencia de datos correcta utiliza técnicas que determinan la causa en función de estas correlaciones.

La velocidad de los datos siempre se acelerará. Hay un aumento en las publicaciones de Facebook, tweets e información financiera generada por muchos usuarios a una velocidad mayor. La velocidad aumenta el volumen de datos y reduce el tiempo de retención de datos. Por ejemplo, una actividad comercial de alta frecuencia depende de los flujos de datos y de la información rápida. Pero la autenticidad de los datos se reduce rápidamente.

Por último, la variedad de datos se ha profundizado. Los modelos que dependen solo de un puñado de variables ahora pueden producir cientos de variables debido al aumento en el poder de cómputo. La tasa de cambio en el volumen, la velocidad y la variedad de datos es actualmente posible para nuevas métricas económicas y varias herramientas.

**Aprendizaje automático**

El aprendizaje automático se refiere a cómo los sistemas aprenden de los diversos tipos de datos que procesan. Es posible entrenar un sistema basado en datos particulares para tomar decisiones. El proceso de capacitación ocurre continuamente para permitir que los sistemas realicen actualizaciones y mejoren la capacidad de toma de decisiones. Los sistemas que usan filtros de spam son un gran ejemplo para demostrar cómo se aplica el aprendizaje automático. Estos sistemas utilizan un filtro bayesiano para cambiar las decisiones.

Por lo tanto, seguirá manteniéndose por delante de los spammers. La capacidad de aprender dinámicamente es importante porque ayuda a evitar que los spammers jueguen con el filtro. Las aprobaciones de crédito utilizan redes neuronales y son un gran ejemplo de la técnica de aprendizaje automático. Además de eso, el aprendizaje automático prefiere los datos en comparación con los juicios. Por lo tanto, un buen científico de datos debe tener una variedad de ambos. El aprendizaje automático ha ayudado a encontrar respuestas a preguntas de interés, y además ha demostrado ser un cambio de juego. Lo que hace que el aprendizaje automático sea muy interesante son las cuatro características de la inteligencia de la máquina:

1. Está construido sobre una base sólida de un avance teórico.
2. Redefine el paradigma económico actual.
3. El resultado final es la mercantilización.
4. Descubre nuevos datos de la ciencia de datos.

**Aprendizaje supervisado y no supervisado**

Hay dos formas generales en que un sistema puede aprender: aprendizaje supervisado y no supervisado.

El aprendizaje supervisado es donde un sistema toma decisiones según el tipo de datos ingresados. Las aprobaciones automatizadas de tarjetas de crédito y los filtros de spam aplican el aprendizaje supervisado para lograr sus funciones. El sistema se suministra con una muestra de datos históricos de salidas y entradas. Sobre la base de este tipo de datos, el sistema establece la relación entre los dos utilizando técnicas de aprendizaje automático. Deberá usar su criterio para elegir la mejor técnica para manejar la tarea.

El aprendizaje no supervisado ocurre cuando solo tiene datos de entrada (X) sin una variable de salida correspondiente. El aprendizaje no supervisado tiene como objetivo construir un modelo de la estructura subyacente en el orden de los datos para que pueda aprender más sobre los datos. Se llama aprendizaje no supervisado porque no hay una respuesta correcta y aprendida. Los algoritmos se dejan para decidir y descubrir una estructura interesante en los datos.

El análisis de clústeres es un ejemplo de aprendizaje no supervisado. El análisis de clústeres selecciona un grupo de entidades, cada una con un atributo diferente, y divide el espacio de la entidad según la distancia o la proximidad de las entidades de los atributos. Esto reorganizará y redefinirá los datos etiquetándolos con nombres adicionales. El análisis factorial es parte de la técnica de aprendizaje no supervisado.

**Predicciones y Pronósticos**

La ciencia de datos implica hacer pronósticos y predicciones. Sin embargo, hay una distinción entre los dos. Las predicciones se centran en resaltar un único resultado. Si una persona dice que "hará frío mañana", ha predicho algo. Pero si dicen que "la probabilidad de que mañana haga frío es del 40%", habrán hecho un pronóstico. Esto se debe a que un pronóstico proporciona resultados en forma de probabilidades.

# Capítulo 3: La ciencia de datos como un agente de cambio

La ciencia de datos es un agente de cambio. Aunque aún no se han dado cuenta, este debería ser el momento perfecto para que las organizaciones estén listas. Las compañías que planean cambiar en los próximos años deben posicionarse mediante la recopilación de los datos correctos y la inversión en capacidad de análisis.

Lo principal a considerar al construir un modelo predictivo es establecer lo que sea que desee predecir y recopilar conjuntos de datos masivos que le permitirán hacerlo. Aunque todavía está lejos de realizar el cambio en la administración mediante la aplicación de modelos predictivos, las organizaciones pueden seguir en el camino correcto adoptando las herramientas adecuadas y recopilando datos precisos.

**Utilizar herramientas de participación digital**

Siempre hay nuevos sistemas creados para permitir que las organizaciones recopilen comentarios de los empleados en tiempo real. A partir de ahora, las organizaciones pueden aprovechar estas herramientas y ayudar a mejorar sus servicios. La mayoría de estas herramientas se han desarrollado e instalado con más funciones para revelar más información sobre un empleado. Estas son herramientas que indicarán y aportarán más que los pensamientos de los empleados. La mayoría de estas herramientas brindan un cambio relevante a la administración y pueden además permitir que uno determine si un cambio se recibe por igual en diferentes ubicaciones.

Al trabajar con grandes empresas de turismo de viajes, estas herramientas ayudan a crear un sistema para la retroalimentación de los empleados en tiempo real. Esto brinda la oportunidad de experimentar con varias estrategias de cambio en una compañía de población en particular. La retroalimentación en tiempo real implica el aprender rápidamente cómo se reciben las tácticas de comunicación e interacción. Por lo tanto, optimiza las acciones en días en lugar de semanas. Estos datos particulares se incorporan a un modelo predictivo que ayudará a identificar con precisión las acciones que pueden mejorar la adopción de una nueva práctica y comportamiento por parte de un grupo específico de empleados.

Las herramientas comerciales disponibles incluyen encuestas de IQ y grupos de muestreo de empleados a través de una aplicación de teléfono inteligente para extraer semanalmente información en tiempo real. Muchas de estas herramientas generan un gran cambio, pero el flujo de datos producido es aún más importante. Como resultado, es esencial implementar estas herramientas para lograr el éxito que viene con un cambio en los procesos basados en datos.

**Análisis de las redes sociales y el sentimiento de las partes interesadas**

Los encargados de cambio tienen otra opción para ver más allá de los límites de una empresa para obtener información relacionada con el impacto de los programas de cambio. Los clientes, los inversores y los suministros son las principales partes interesadas en los programas de cambio. Tienen la posibilidad de participar en las redes sociales y comentar sobre los cambios que la empresa planea hacer.

Los avances en el análisis del texto lingüístico implican que uno puede detectar pistas vinculadas a acciones y comportamientos a partir de las elecciones de palabras que las personas usan. Además de eso, el uso de ciertas frases, artículos y pronombres puede ayudar a una persona a descubrir cómo se siente la otra parte. Al aplicar dichas herramientas para analizar los correos electrónicos de una empresa, facilita el proceso de conocer los puntos de vista y las reacciones de los empleados ante diversos cambios implementados. Por lo tanto, la información generada después de analizar la conversación interna en una organización será más sólida cuando se combina con datos de redes sociales externas.

**Registro de datos de referencia relacionados con el cambio en los proyectos actuales**

Descubrirá que la mayoría de las organizaciones se centran en medir los cambios fraccionarios en los giros de inventario, el rendimiento operativo y la eficiencia de fabricación.

Sin embargo, los problemas relacionados con el cambio tienen un bajo rendimiento de pista. Incluso si los proyectos tienen características únicas, hay muchas similitudes cuando se trata de cambiar un sistema, mejorar un proceso y reorganizar proyectos. Existe la posibilidad de registrar la información relacionada con el equipo, el tiempo de implementación y las tácticas aplicadas. Crear un conjunto de datos de referencia similar a este puede no generar una ganancia instantánea, pero el conjunto de datos completo aumenta. Por lo tanto, resulta fácil para uno construir un modelo predictivo preciso que puede ser útil para cambiar una organización.

**Que tan importantes son los datos en el cambio**

Durante muchos años, las empresas se basaron en técnicas relacionadas con datos para seleccionar candidatos aptos para puestos de alto nivel. Hoy en día, las empresas minoristas también han adoptado el análisis predictivo para contratar a sus empleados.

Como resultado, estas herramientas han mejorado el rendimiento de un proyecto y han ayudado a desarrollar un nuevo conjunto de datos. Supongamos que cada líder y miembro de un equipo fue sometido a pruebas psicométricas y evaluación antes de un proyecto. Los datos producidos a partir de estas pruebas pueden ser útiles en la identificación de un modelo causal que puede generar el proyecto de cambio correcto.

**Creación de un tablero de instrumentos**

Se piensa que cada organización tiene un panel a medida, creado junto con el equipo de liderazgo de la empresa. Esto refleja las prioridades de la organización, los planes futuros y la posición competitiva. Al hacerlo de esta manera, los tableros generan información importante sobre una inversión de transformación particular creada por la organización.

La mayoría de los datos que contribuyen a estas señales ya están disponibles, pero no se recolectan. Hay clientes de *Change Logic* que han desarrollado un tablero para identificar el desgaste y el reclutamiento en un talento ganador. Esto no es difícil, pero ayuda a informar al equipo directivo sobre cómo usar los datos para tomar decisiones intuitivas. Si bien la creación de estas herramientas puede tardar un tiempo, las organizaciones deben comenzar a crear tableros. Si es posible, deberían automatizarlos. A partir de hoy, la mayoría de estos tableros son vulnerables a los problemas de control de versiones, políticas internas y errores humanos. La informatización de los cuadros de mando lo hace objetivo y transparente.

Mientras que las compañías recopilan datos y usan científicos de datos para construir modelos precisos, todos los encargados de cambio deben confiar en llamar a los científicos de datos para que interpreten los procedimientos que permiten a las empresas cumplir sus objetivos.

La creación de métricas no puede ser fácil porque las métricas no son instalaciones de un solo uso. En cambio, es un ciclo de compromiso para capturar datos, refinar paneles y crear modelos. Desarrollar un conjunto de datos fiables lleva tiempo. La calidad de los datos es un problema crítico que también requiere la presencia de un lenguaje de datos compartido que hará que las organizaciones se den cuenta de que están midiendo lo correcto. Este ha sido uno de los principales problemas para el análisis de datos en otros campos.

Incluso llevando mucho tiempo, finalmente terminará el ciclo causal y producirá una predicción fiable sobre cómo una acción puede alterar una métrica determinada. Esto aumentará la inversión y el cambio de una acción particular a otra percepción basada en datos. La gestión del cambio ayuda a cambiar un proyecto con problemas y recomienda resultados empresariales significativos y cómo realizarlos.

**Mentalidad de innovación**

Mientras las organizaciones continúan cambiando a los métodos de transformación digital, se están formando más equipos que conocen la ciencia de datos. Hasta ahora, el principal desafío para los jefes científicos de datos es colocar la función de ciencia de datos correctamente donde una organización determinada lo que necesita es aumentar sus actividades actuales y futuras. Esto significa que hay una necesidad de reclutar equipos de ciencia de datos para interactuar completamente con el negocio y adoptar la columna vertebral operativa de la empresa.

La ciencia de datos no tiene una descripción formal. Su objetivo es comprender y analizar los fenómenos reales utilizando datos. Esto puede variar mucho de una industria a otra. Sin embargo, con las experiencias de ambos mundos, uno puede definir la ciencia de datos como una integración de habilidades en programación, matemáticas y comunicación con la aplicación del método científico a un dominio particular de conocimiento. Esta práctica se puede resumir en diferentes estrategias:

**Conjuntos de habilidades.** Esto requiere que un individuo mida la preparación de los análisis, la gestión del talento, la difusión de la cultura basada en la evidencia y la aplicación de los procesos de la ciencia de datos.

**Conjuntos de datos.** Esto a menudo cubre el gobierno de datos, las infraestructuras y las fuentes de datos estratégicos.

**Conjuntos de herramientas.** Se refiere a la selección de las herramientas correctas de la ciencia de datos y al uso de las mejores prácticas en la empresa o firma.

**Mentalidad.** Esto recopilará todos los principios de animación que apoyan el espíritu de una función de ciencia de datos para crear valor e innovar en el centro de una transformación digital.

La mentalidad es la fuerza principal que cambia las inversiones en conjuntos de habilidades, conjuntos de datos y conjuntos de herramientas en un impacto cultural y económico.

A continuación, se incluye un conjunto de principios que actúan como un modelo para poder desarrollar la mentalidad de innovación en la ciencia de datos.

*1. La cultura antes que la tecnología*

En la era moderna del empuje tecnológico, es fácil para cualquiera ser arrastrado a la trampa tecnológica. Algunas de estas herramientas pueden generar distracciones y resultados estéticos a corto plazo. Como ocurre con otros equipos innovadores, la tecnología no atrae ni retiene talento en la ciencia de datos. En cambio, lo que impulsa a las personas es la cultura saludable que garantiza que todos estén satisfechos, apoyados y motivados en sus trabajos.

*2. Historias y no esprints*

En las primeras etapas, los proyectos deben tener una participación del liderazgo para que puedan lidiar con los agentes contra el cambio y manejar las expectativas poco realistas. Con la llegada de las metodologías ágiles, la mayoría de las empresas han recurrido a los esprints. Sin embargo, la innovación requiere tiempo y paciencia. Las historias son una forma asombrosa de crear el enfoque correcto a lo largo del tiempo y crear paciencia para que los equipos ayuden en la ejecución. Las demostraciones, visualizaciones y otros tipos de historias motivan a los equipos de ciencia de datos a esperar, hacer preguntas y concentrarse más en las visiones que en la planificación de un esprint. Las narraciones brindan la oportunidad correcta de pensar profundamente y considerar un negocio dado a través de las interacciones, la dinámica del sistema y cómo el cambio en la capacidad analítica puede afectar a una organización. El material generado además actúa como un enlace para compartir el conocimiento fuera de la organización y en todas las disciplinas. Se defiende por un espíritu positivo y creativo.

*3. Ética y no ganancias*

Dado que la práctica de la ciencia de datos es popular, los equipos deben desarrollar una dirección moral y técnicas que prediquen los límites de sus descubrimientos. Además, es parte de su deber de liderazgo ayudar a determinar una misión social del algoritmo y análisis desarrollados. Requiere colaboración para garantizar el uso de la ciencia de datos.

Por ejemplo, en el Instituto de Tecnología de Massachusetts (ITM), las demostraciones urbanas proporcionaron un medio donde uno tiene que explorar si los conceptos son cultural o socialmente aceptables antes de que fueran potencialmente rentables. Al abogar por iniciativas que resultarían en un bien social y al mismo tiempo alinear a las personas antes de las ganancias, esto ayuda a enriquecer las capacidades analíticas con los miembros que pueden no haber participado en las empresas comerciales.

*4. La polimatía ante la experiencia*

La ciencia de datos incluye un concepto multidisciplinario y no puede trabajar de forma aislada. Para asegurarse de que puede colaborar con otras partes, los especialistas deben aprender más allá de su experiencia en el dominio. Hay ciertas organizaciones que pueden caer en la trampa de que es necesario tener un doctorado para hacer ciencia de datos. Esto no es cierto porque esta práctica requiere que uno tenga un mayor sentido de la curiosidad para ayudar a aprender el idioma de otras disciplinas y un apetito profundo por el aprendizaje colaborativo. Estos son algunos de los rasgos de un erudito que hace que un equipo esté listo para interactuar con personas con diversos roles en la organización, desde diseño, gestión de productos, comunicación, finanzas y muchos más. Últimamente, términos como diseñador AI y producto científico se han incrementado en la industria para enfatizar la importancia de conectar diferentes disciplinas con el método científico. Al mismo tiempo, las opiniones específicas de dominios interdisciplinarios como la ciencia, la tecnología, el sesgo de los datos y la algorítmica se han convertido en parte de los temas principales de la ciencia de datos.

Un especialista generalizado proporcionará un conocimiento interdisciplinario que defiende la creatividad y una comprensión más profunda de lo que necesita una organización o sociedad. Un equipo formado por especialistas generalizados presenta una mejor perspectiva general para áreas complejas, profundas y no convencionales en comparación a un equipo de expertos.

# Capítulo 4: Técnicas de la ciencia de datos

No importa cuál sea su opinión sobre el tema de la ciencia de datos, es muy difícil menospreciar el papel de los datos y la capacidad de analizar, recopilar y contextualizar los datos.

No solo eso, sino que con el desarrollo de la tecnología de aprendizaje automático y la aparición de campos como el aprendizaje profundo que resultan ser importantes para los investigadores, los científicos de datos continúan disfrutando de innovaciones y desarrollos tecnológicos.

Aunque una fuerte habilidad de codificación es crítica, la ciencia de datos incluye conceptos de ingeniería de software. Los científicos de datos deben tener una mezcla de codificación, pensamiento crítico y capacidad estadística. Deben ser buenos estadísticos, así como buenos en la programación.

Se aconseja que uno entienda las ideas que hay detrás de diferentes técnicas para que sepan cómo y cuándo usarlas. Es fundamental que una persona entienda los métodos simples para que pueda entender los complejos.

Además, es bueno verificar la eficacia de un método determinado para descubrir si está funcionando bien o mal. Este es un campo de investigación interesante que tiene aplicaciones significativas en ciencia, finanzas e industria. En general, las estadísticas son un componente importante que cualquier científico de datos exitoso debe conocer.

Los ejemplos de problemas de aprendizaje estadístico incluyen:

- Personalizar un sistema de detección de correo no deseado.

- Averigüe si una persona tiene un ataque cardíaco según las mediciones clínicas, los datos demográficos, la dieta y la medición clínica.

- Clasificar una muestra de tejido en diferentes clases de cáncer.

- Identificar la relación entre las variables demográficas y el salario en la encuesta de población.

Antes de comenzar a leer las técnicas que cualquier científico de datos debe aprender para que puedan ser eficaces en el manejo de grandes conjuntos de datos, es importante conocer la diferencia entre el aprendizaje estadístico y el aprendizaje automático. En los próximos capítulos, aprenderá más sobre el aprendizaje automático. Por ahora, aquí están algunas de las diferencias:

- El aprendizaje estadístico comenzó como una rama de la estadística.

- El aprendizaje automático comenzó como una rama de la IA.

- El aprendizaje estadístico concierne a los modelos y su interpretabilidad, incertidumbre y precisión.

- El aprendizaje automático tiene ventajas adicionales en el mercadeo.

## 1. Regresión lineal

En términos de estadísticas, la regresión lineal predice un objetivo. Esto se logra ajustando la relación lineal correcta entre las variables independientes y dependientes. El ajuste perfecto se produce cuando la suma de todas las distancias entre la forma y las observaciones anteriores es pequeña. La forma del ajuste es la mejor porque no hay otra posición que pueda producir el error mínimo. La regresión lineal se divide en dos tipos.

• Regresión lineal simple

• Regresión lineal múltiple

En la regresión lineal simple, hay una única variable independiente que predice una variable dependiente ajustando la mejor relación lineal. Por otro lado, la regresión lineal múltiple contiene más de una variable independiente para predecir una variable dependiente.

## 2. Clasificación

Esta es una técnica de minería de datos que asigna características a un conjunto de datos para permitir análisis y predicciones precisas. La clasificación es muy popular en el análisis de un conjunto de datos avanzados. Las técnicas de clasificación más comunes incluyen:

• Regresión logística

• Análisis discriminante

**Regresión logística**

Este tipo de análisis es mejor usarlo cuando se tiene una variable dependiente binaria. Se utiliza para describir datos y explicar la asociación entre una variable binaria independiente y una variable nominal independiente.

**Análisis discriminante**

Aquí, los clústeres han sido conocidos como a priori. Además, las nuevas observaciones se clasifican en una población particular según los tipos de características que se miden. Este método modela la distribución de los predictores de X independientemente en cada clase de respuesta. El teorema de Bayes se usa para estimar la probabilidad de una clase de respuesta. Estos modelos pueden ser lineales o cuadráticos.

**Análisis cuadrático discriminante.** Este análisis contiene una opción alternativa. Siendo similar a QDA, este análisis asume que las observaciones extraídas de una clase de Y provienen de la distribución gaussiana. Otra suposición es que cada clase tiene una matriz de covarianza.

**Análisis Lineal Discriminante.** Esta técnica determina "puntuaciones discriminantes" para cada observación detectada por combinaciones lineales de variables independientes. Aquí, también se supone que todas las observaciones registradas en cada clase provienen de una distribución gaussiana multivariable.

### 3. Selección de subconjuntos

Este método buscará un subconjunto de predictores p similares a la respuesta. A continuación, se crea un modelo tomando el menor número de cuadrados de las características del subconjunto.

**La mejor selección de subconjuntos.** Aquí, se aplica una regresión OLS diferente para cada combinación posible de predictores p y una observación del ajuste del modelo. El algoritmo tiene dos etapas:

- Ajustar un modelo con predictores k.
- Resaltar un modelo utilizando una predicción de validación cruzada.

No se debe olvidar usar el error de validación porque RSS y $R^2$ aumentan monótonamente a medida que aumentan las variables. La mejor manera de usarlo es realizar una validación cruzada y un modelo utilizando el $R^2$ más alto y el RSS más bajo para determinar las estimaciones de error.

**Selección por pasos hacia adelante.** Esta técnica considera un subconjunto más pequeño de predictores p. Comienza con un modelo sin predictores y agrega predictores al modelo hasta ese punto cuando todos los predictores existen en el modelo.

**Selección por pasos hacia atrás.** Esto comienza a funcionar con los predictores en el modelo y luego elimina el predictor más bajo.

### 4. Contracción

Este es el mejor uso para los modelos que tienen predictores. Sin embargo, los coeficientes de estimación se reducen a cero dependiendo de las estimaciones de los menos cuadrados. La contracción también reduce la varianza. Dependiendo del tipo de método utilizado, algunos coeficientes pueden aproximarse a cero. Las técnicas de contracción más populares son la regresión de Lasso y la regresión Ridge.

**La regresión Ridge.** Esto es similar a los mínimos cuadrados con la única diferencia que es la estimación de los coeficientes. Las regresiones Ridge seleccionan estimaciones de coeficientes que reducen el RSS. Pero tiene una penalización cuando los coeficientes se acercan a cero. Esta penalización puede reducir la estimación del coeficiente a cero. Por eso es importante saber que la regresión de Ridge elimina los rasgos con la varianza de espacio de columna más pequeña. El problema con la regresión de Ridge es que tiene todos los predictores p disponibles en el modelo final. Además, el término de penalización establece el resto de los predictores en cero. Generalmente, esto no es un problema cuando se desea predecir con precisión, pero puede hacer que el modelo sea difícil de interpretar los resultados. Lasso tiene la respuesta a este problema porque puede forzar coeficientes específicos para moverse a cero siempre que sea pequeño.

### 5. Reducción de dimensiones

Esto reduce el problema de aproximar el coeficiente p + 1 a un problema simple de coeficiente M + 1. En este caso, M <p. Se puede

lograr esto calculando M diferentes combinaciones lineales y proyecciones variables. En este caso, las proyecciones M se extraen y se usan como predictores para un modelo de regresión lineal. Los enfoques más populares que se pueden aplicar incluyen mínimos cuadrados parciales y regresión de componentes.

**Regresión de componentes principales**

Esta técnica ayuda a un individuo a extraer un conjunto de propiedades de baja dimensión de un gran grupo de variables. La primera dirección de datos del componente principal (CP) tiene observaciones que cambian mucho. Esto significa que el primer CP representa una línea que se ajusta a los datos. Es posible que uno se ajuste a componentes principales distintos. El siguiente CP se refiere a una combinación lineal de variables que son diferentes del primer CP y contienen el sujeto de mayor varianza de la restricción. El punto es que los componentes principales conservan la mayor varianza en los datos al aplicar una combinación lineal de los datos en direcciones ortogonales posteriores. Por lo tanto, es correcto combinar los efectos de las variables asociadas para encontrar más información a partir de los datos disponibles.

Este método consiste en resaltar combinaciones lineales de X que representan los mejores predictores de X. Esto significa que las combinaciones no están supervisadas porque la respuesta Y es importante para determinar las direcciones del componente principal.

En otras palabras, la respuesta Y no puede supervisar la selección de los componentes principales. Por lo tanto, no es una garantía de que las direcciones que definen los predictores puedan usarse para predecir una respuesta.

Un cuadrado menos parcial es una alternativa a la supervisión. Es un mecanismo que selecciona un nuevo conjunto más pequeño de características que contienen una combinación lineal de características anteriores. A diferencia de PCR, el cuadrado menos parcial usa la variable de respuesta para resaltar las nuevas características.

## 6. Modelos no lineales

En un análisis de regresión no lineal, los datos de observación se modelan utilizando una función de combinación no lineal de los parámetros del modelo. Además, se basa en más de una variable independiente. En este método, los datos se aplican mediante aproximaciones sucesivas. A continuación, se muestran algunas técnicas que puede utilizar para manejar modelos no lineales:

- **Una función por partes.** Esta función se define con la ayuda de múltiples subfunciones que aplican un intervalo específico del dominio de la función principal. Por partes es una forma en que uno puede expresar la función en lugar de la función característica en sí misma.

- **Una spline.** Esto se refiere a una función especial que define por partes utilizando un polinomio. En gráficos de computadora, spline representa una curva paramétrica polinómica por partes. Spline se refiere a curvas populares como resultado de la simplicidad en la construcción.

## 7. Los métodos basados en árboles

Puede utilizar este método en regresión y problemas relacionados con la clasificación. Algunos de estos problemas incluyen la segmentación del espacio del predictor para construir regiones simples. Dado que se utiliza un conjunto de reglas de división en el espacio del predictor, puede decidir resumirlo en un árbol. Este tipo de enfoque se denomina método de árbol de decisión. A continuación, se presentan algunos de los métodos de árbol más comunes:

- **Embolsado.** Esto se refiere a la manera en que se puede reducir la varianza de la predicción al producir datos de entrenamiento adicionales del conjunto de datos iniciales. Esto se realiza a través de una mezcla de repeticiones que producen una gran cantidad de carnalidad similar. Si puede lograr aumentar el tamaño del conjunto de entrenamiento, entonces habrá disminuido la varianza.

- **Impulso.** Este método calcula la salida utilizando diferentes modelos y promedia el resultado a través de una técnica de promedio ponderado. Al integrar los méritos y las dificultades de la siguiente técnica, puede desarrollar una buena fuerza predictiva para aplicarla en un gran tamaño de datos de entrada.

- **Bosque Aleatorio.** Este algoritmo se asemeja al algoritmo de embolsado. En este algoritmo, un individuo puede desarrollar muestras de arranque aleatorias del conjunto de entrenamiento. Además de los ejemplos de arranque, también puede crear un subconjunto aleatorio de características para entrenar árboles individuales. En el embolsado, a cada árbol se le asigna un conjunto completo de características debido a la selección aleatoria de características. Además, un individuo puede hacer que los árboles sean más independientes entre sí en lugar del embolsado regular que generalmente conduce a un mejor rendimiento predictivo.

## 8. Máquinas de vectores de soporte (MSV)

La máquina de vectores de soporte es una técnica de clasificación categorizada por debajo de los modelos de aprendizaje supervisado en el aprendizaje automático. En un idioma diferente, se utiliza para calcular el hiperplano en dimensiones más altas, como 2D y 3D. Un hiperplano se define como un subespacio dimensional n-1 de un espacio n-dimensional que distingue de mejor forma dos clases de puntos que tienen el margen máximo. Básicamente, es un problema de optimización restringido en el que el margen se optimiza.

Los puntos de datos que soportan el hiperplano se encuentran en ambos lados y se denominan vectores de soporte. En situaciones donde hay datos inseparables, los puntos deben definirse en un espacio dimensional superior donde la separación lineal sea posible.

Un problema que consta de varias clases se puede dividir en varios problemas de clasificación binaria de uno contra uno.

## 9. El aprendizaje no supervisado

En el aprendizaje no supervisado, no se conocen cuáles son los grupos de datos. Esto se deja para que el algoritmo de aprendizaje determine los patrones en los datos proporcionados. La agrupación en clústeres es un gran ejemplo de aprendizaje no supervisado donde diferentes conjuntos de datos se agrupan en grupos que están estrechamente relacionados.

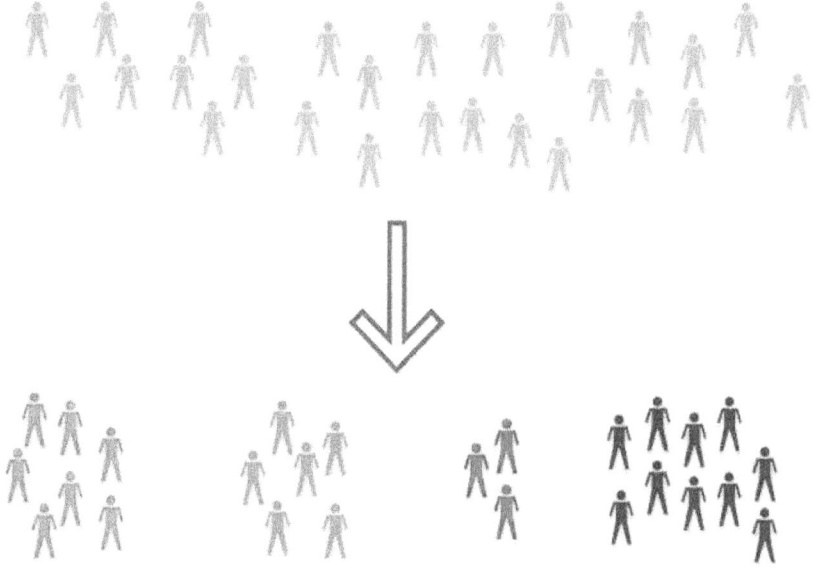

**Análisis de componentes principales.** Este método le ayudará a generar la representación dimensional mínima del conjunto de datos. El conjunto de datos se produce al definir un conjunto de propiedades lineales que tienen una varianza máxima y no están relacionadas entre sí. Este enfoque de dimensionalidad lineal podría ser importante para ayudar a una persona a comprender la interacción latente en un entorno sin supervisión.

**Agrupación jerárquica.** Esto desarrolla una jerarquía de clústeres de varios niveles al construir un árbol de clústeres.

**K-significa clúster.** Esto dividirá los datos en K clústeres distintos dependiendo de la distancia al centroide de un clúster.

Este es un esqueleto de técnicas estadísticas básicas que pueden ayudar a un administrador de programas de ciencia de datos a desarrollar una mejor comprensión de lo que está sucediendo, además de aprender los términos de ciencia de datos. La verdad es que hay ciertos términos de la ciencia de datos que ejecutan algoritmos a través de bibliotecas R y python. A pesar de esto, si puede comprender los conceptos básicos del análisis estadístico, podrá proporcionar a su equipo un mejor enfoque. Desarrolle información relacionada con las partes más pequeñas para admitir la abstracción y la manipulación fáciles.

# Capítulo 5: Visualización de datos

Cuando quiere comprender y descubrir información importante sobre los datos, una imagen resulta ser una herramienta esencial. Las imágenes son útiles cuando se quieren descubrir relaciones entre cientos de variables.

Las empresas producen y recopilan datos cada minuto. Todo el mundo, desde analistas de datos hasta empleados, desea recoger algo de los diferentes conjuntos de datos que pueden ayudar a una persona a tomar una mejor decisión y trabajar de manera más eficaz.

No importa el tamaño de los datos que tenga, la mejor manera de dominar las relaciones importantes es a través de un análisis complejo y una visualización fácil de entender. Nadie quiere perderse ninguna correlación crítica o desarrollar una conclusión errónea que pueda afectar en gran medida su toma de decisiones. Cuando el análisis complejo se lleva a cabo rápidamente, el resultado puede mostrarse de una manera que sea fácil de usar y que permita la exploración y las consultas. Como resultado, todos los miembros de la organización tienen la oportunidad de profundizar en los datos y desarrollar ideas para decisiones más rápidas y efectivas.

Para desarrollar algunos elementos visuales significativos a partir de datos, hay aspectos habituales que uno debe considerar. Algunas de estas cosas incluyen el tipo de datos, el tamaño de los datos y la composición de la columna.

Los científicos de datos trabajan con un gran conjunto de datos. Uno de los mayores desafíos que enfrentan es determinar qué método usar para mostrar los datos. Es posible que necesite condensar y contraer datos. Sin embargo, aún tendrá que mostrar gráficos y tablas que la mayoría de los tomadores de decisiones conozcan. No olvide que, en la sociedad actual, la visualización es esencial. Por lo tanto, asegúrese de que se muestre bien en los teléfonos inteligentes.

Al mismo tiempo, es bueno dar a las personas la libertad de interactuar con los datos en tiempo real. Por ejemplo, SAS Visual Analytics es compatible con varios clientes comerciales para obtener información importante de los datos sin tener ninguna habilidad de la ciencia de datos.

Las herramientas inteligentes y de gráficos automáticos facilitan la creación de la mejor imagen visual en función del tipo de datos resaltados. Estas herramientas identificarán los hallazgos relevantes sin pedir a los usuarios que escriban algoritmos. Además, la visualización inteligente permitirá a los científicos de datos y analistas construir prototipos rápidamente y reducir el tiempo dedicado a los experimentos.

**Elaboración de gráficos**

*Gráficos de líneas*

Los gráficos de líneas revelan la relación existente entre las variables. Estos gráficos también rastrean la relación entre una variable y otra. Si tiene muchos elementos y desea hacer algunas comparaciones, entonces un gráfico de líneas es el mejor método que puede usar. ¿Por qué? Tiene líneas de pila que dibujan mejor las comparaciones de valores individuales para diferentes variables.

Una persona puede optar por aplicar un gráfico de líneas cuando hay un cambio de variable, o se debe mostrar una variable, y la tasa de cambio de la información es valiosa. También es importante tener en cuenta que, debido a que un gráfico de líneas tiene los puntos de datos, no es necesario elegir un gráfico de líneas. Sin embargo, dependiendo de la cantidad de puntos de datos que tenga, determinará el tipo de visualización a utilizar. Por lo tanto, si desea saber si usar un gráfico de líneas o no, cuente la cantidad de puntos de datos que deben mostrarse.

*Gráfica de barras*

Los gráficos de barras son los mejores cuando se quieren hacer comparaciones entre cantidades de diferentes grupos. Los valores que pertenecen a una categoría en particular se muestran con barras y luego se muestran como una barra vertical u horizontal.

En caso de que los valores sean distintos, es fácil notar la diferencia en las barras por cómo se ven a nuestros ojos. Sin embargo, si los valores están muy cerca o si hay una gran cantidad de valores para mostrar, es difícil comparar las barras.

Para asegurarse de que hay alguna diferencia visual, puede asignar diferentes colores a las barras. Los colores pueden revelar cosas como el estado o el rango. Si decide colorear las barras, la gráfica se verá más atractiva e inteligente. Los diferentes colores permitirán a los espectadores ver las diferencias entre las barras.

Existen diferentes tipos de gráficos de barras. Por ejemplo, el gráfico de barras progresivo muestra cómo una medida de un valor original puede aumentar o disminuir durante una transacción. La primera barra comienza en el valor inicial, y cada barra subsiguiente se reanuda desde donde termina la barra inicial. Esta barra tiene una longitud y una dirección para indicar la magnitud y el tipo de transacción.

*Gráfico de dispersión*

Un gráfico de dispersión es un gráfico bidimensional que describe una diferencia compartida de dos elementos de datos. Cada marcador en un diagrama de dispersión es una observación. La posición del marcador revelará el valor de cada observación.

Debe usar gráficos de dispersión cuando desee crear una relación entre las variables X y Y. Se dice que las variables están correlacionadas cuando hay una dependencia, y cada variable puede afectar a la otra. Por ejemplo, hay una relación entre ganancias e ingresos.

La relación podría ser que cada vez que los ingresos aumentan, las ganancias también aumentan. Un gráfico de dispersión es la mejor herramienta para visualizar las relaciones en los datos. El gráfico de dispersión permite que una persona utilice el análisis estadístico combinando correlación y regresión. La correlación es importante para ayudar a un individuo a identificar el alcance de una correlación estadística entre cada variable en la gráfica. Por otro lado, la regresión le permite a una persona definir la relación entre las variables en los gráficos.

Una vez que se han trazado todos los puntos de datos, puede pasar a identificar los puntos de datos que tienen una relación específica. Usando un gráfico de dispersión, ayudará a desarrollar una idea de cómo puede distribuir los datos presentes en las distribuciones. Se recomienda utilizar gráficos de dispersión cuando tenga muchos puntos de datos. Sin embargo, si tiene un pequeño conjunto de datos, una tabla podría ser efectiva para ayudar a mostrar la información.

*Gráficos de burbujas*

Estos son un tipo de gráficos de dispersión donde los marcadores se identifican con burbujas. Una gráfica de burbujas revelará la relación entre tres medidas. Si tiene dos medidas, puede utilizar los ejes de trazado para resaltar. La tercera medida se define con la ayuda de una burbuja.

Es mejor utilizar un gráfico de burbujas cuando tiene cientos de valores de datos. Puede elegir aplicar color para ilustrar medidas adicionales y animar las burbujas para demostrar cambios en los datos. Un mapa de burbujas se muestra en un mapa geográfico. Cada burbuja se elabora en una ubicación geográfica específica.

*Gráficos de torta y donas*

Ha habido una gran discusión en torno a los gráficos de torta y donas. Ambos ayudan a un individuo a crear comparaciones entre partes. Pero es difícil notarlo porque los ojos de un ser humano no pueden estimar áreas fácilmente y comparar ángulos visuales. Por lo tanto, si decide utilizar un gráfico, le resultará difícil comparar datos de tamaño similar.

Si crea un panel, le recomendamos que considere cómo funciona un gráfico de anillos o un gráfico circular. La eficiencia de un gráfico circular o de dona se revela por la cantidad de espacio que necesita un gráfico para dimensionar un informe. Dado que estos gráficos son redondos, la mayoría de ellos requerirán espacio adicional.

En general, hay muchos tipos de gráficos que se pueden seleccionar para mostrar y analizar datos. La opción de utilizar un gráfico depende de la cantidad de medidas que un individuo quisiera visualizar.

**Cómo visualizar la Big Data**

La Big Data presenta problemas específicos cuando desean visualizar datos debido a la velocidad, el tamaño y la diversidad de los datos.

La definición más común de la Big Data consta de tres términos importantes: velocidad, volumen y variedad. SAS Visual Analytics tiene un enfoque creativo para manejar los problemas relacionados con la visualización de la Big Data. El uso de las capacidades en memoria integra a SAS Analytics para revelar nuevas formas de representar y analizar datos.

**Tratar con grandes volúmenes de datos**

Seamos sinceros: a los científicos de datos les resulta difícil el presentar los resultados de una exploración y análisis de datos. Podría verse obligado a aplicar un nuevo método de revisión de datos y combinar los resultados de forma intuitiva. Es posible que también deba mostrar los resultados disponibles a través de un dispositivo móvil y que admita a los usuarios que desean explorar datos en tiempo real.

Trabajar con un gran tamaño de datos no es tan fácil; puede resultarle difícil de entender y, como resultado, se recomienda utilizar mejores herramientas de visualización. La función de creación automática de gráficos incorporada en SAS Visual Analytics revisa los datos según el tamaño y el tipo de datos. Es la mejor herramienta de visualización que puede utilizarse. Por esa razón, los analistas de negocios y los empleados pueden usar fácilmente esta herramienta para visualizar datos. Les ayudará a crear una jerarquía de datos y a explorar los datos de una manera muy interactiva.

El volumen de datos puede ser un problema porque la arquitectura y el software tradicional pueden no definir un gran tamaño de datos en poco tiempo.

Aun así, los cálculos estadísticos descriptivos más populares pueden ser complicados al manejar la Big Data. Por ejemplo, si un conjunto de datos tiene mil millones de filas y desea crear un gráfico de dispersión que contenga dos medidas, puede ser difícil ver numerosos puntos de datos. Del mismo modo, el tipo de aplicación que ayuda a una persona a visualizar los datos puede no funcionar. La única otra solución a la que se puede recurrir es el binning. Binning requiere que un individuo recopile datos de ambos ejes para que puedan visualizar la Big Data de la manera más efectiva.

Un gráfico de caja describe una visualización geográfica de cinco estadísticas. Las cinco estadísticas consisten en medial, cuartil inferior, cuartil superior, máximo y mínimo. Las cinco estadísticas anteriores son importantes cuando se desea crear un resumen para definir la distribución de un conjunto de datos.

Normalmente, los gráficos de caja resultan efectivos para los científicos de datos porque identifican puntos anormales llamados valores atípicos. En general, el porcentaje de valores atípicos en los datos oscila entre el 1-5%. Para los conjuntos de datos de tamaño tradicionales, esta proporción de datos en particular no es difícil de notar. Sin embargo, para aquellos que trabajan con un amplio conjunto de datos, puede ser muy difícil de identificar.

**Cómo visualizar datos semiestructurados y no estructurados**

La diferencia con la Big Data lleva a varios desafíos. Estos desafíos existen porque tanto los datos estructurados como los semiestructurados requieren técnicas de visualización. Se puede aplicar una nube de palabras visual a los datos no estructurados para ayudar a indicar la frecuencia de las palabras. Esto puede hacerse a un nivel bajo o alto.

En la SAS Visual Analytics, las nubes de palabras son importantes en la clasificación y creación de asociaciones. Las palabras se clasifican en temas dependiendo de la forma en que se usan las palabras.

Los científicos de datos también usan un diagrama de red para visualizar datos semiestructurados. Los diagramas de red examinan las relaciones basadas en nodos que representan relaciones entre individuos. Las redes en el diagrama de red tienen nodos que representan puntos, mientras que los vínculos representan líneas.

Puede utilizar diagramas de red en diferentes disciplinas y aplicaciones. Por ejemplo, las empresas que analizan las redes sociales descubren las interacciones con los clientes.

# Capítulo 6: Aprendizaje automático para la ciencia de datos

El aprendizaje automático se refiere a un método de datos analíticos que entrena a las computadoras para realizar algo que es natural tanto para los humanos como para los animales. Se trata del aprendizaje a través de la experiencia. Los algoritmos de aprendizaje automático tienen métodos computacionales para ayudar a un individuo a descubrir información de datos sin esperar una ecuación predeterminada. Estos algoritmos mejoran dinámicamente el rendimiento de los datos cuando aumenta el número de muestras disponibles para el aprendizaje.

**¿Por qué es importante el aprendizaje automático?**

Un aumento en la Big Data hace del aprendizaje automático un método esencial para resolver problemas tales como:

• Procesamiento de imágenes y visión artificial.

• Producción de energía para pronóstico de carga.

• Finanzas computacionales para el comercio algorítmico y puntuación de crédito.

- Procesamiento de lenguaje natural para ayudar a reconocer una voz.

- Mantenimiento predictivo para los campos de aeroespacial, automotriz y manufactura.

Los algoritmos de aprendizaje automático identifican patrones naturales en los datos para obtener información y tomar decisiones inteligentes. Se usa a diario para tomar decisiones críticas en el comercio de acciones, el diagnóstico médico y el pronóstico.

Los ejemplos de la aplicación de aprendizaje automático incluyen sitios de medios que analizan los datos de los clientes antes de sugerir posibles películas que un usuario puede descargar o ver. Además, los minoristas tienen que extraer información importante de la manera en que los clientes compran productos.

**¿Cuándo es correcto aplicar aprendizaje automático?**

Cuando está a punto de trabajar en una tarea o problema complejo, es el momento perfecto para aplicar el aprendizaje automático.

**La realidad sobre el aprendizaje automático**

El aprendizaje automático tiene sus límites. No es posible construir máquinas inteligentes como en "Star Trek y 2001: Hal 9000 Odisea en el Espacio". Pero hay muchos ejemplos de aplicaciones de procesamiento en el mundo real en las que el aprendizaje automático funciona de manera excelente. A continuación, se presentan categorías populares donde se aplica el aprendizaje automático:

**Procesamiento de imágenes**

Requiere el análisis de imágenes para obtener datos o realizar ciertas transformaciones. Algunos ejemplos incluyen:

- **Etiquetado de imágenes.** Este es similar a Facebook, donde un algoritmo puede identificar automáticamente tu rostro o el rostro de tus amigos en una foto. Básicamente, un algoritmo de aprendizaje automático aprenderá de las fotos que se etiquetan manualmente.

- **Reconocimiento óptico de caracteres.** Una vez que un algoritmo aprende cómo cambiar un documento de texto escaneado a una versión digital, el algoritmo debe saber cómo cambiar una imagen a un carácter escrito de la letra digital correspondiente.

**Análisis de texto**

Este es el proceso en el que la información se clasifica o extrae de correos electrónicos, documentos, chats y tweets. Ejemplos populares incluyen:

- **Análisis de los sentimientos.** Es otra área de aplicación de la clasificación de textos. En este tipo de clasificación, un algoritmo debe saber cómo clasificar una opinión como neutral, positiva o negativa según el estado de ánimo que muestre el escritor.
- **Extracción de información** Se trata de aprender a extraer una determinada información o datos.
- **Filtrado de spam.** Es una de las aplicaciones de clasificación de texto más utilizadas. Los filtros de spam ayudan a clasificar un correo electrónico como spam según el contenido y el tema.

**Minería de datos**

Este es un método usado para determinar predicciones a partir de datos. La definición parece genérica, pero se entiende que extrae información importante de una tabla masiva en una base de datos. Cada fila consistiría de instancias de capacitación y una función de columna. Podría estar interesado en pronosticar una nueva columna en la tabla que se basa en el resto de las columnas. Por ejemplo:

- **Reglas de asociación.** Tomemos el ejemplo de un supermercado o un sitio de comercio electrónico. Es posible determinar los hábitos de compra de los clientes observando el tipo de productos que se compran en conjunto. Este tipo de información puede ser útil para fines de mercadeo.

- **Detección de anomalías.** Búsqueda de los valores atípicos. Por ejemplo, en la detección de fraude de tarjeta de crédito, puede identificar el tipo de transacciones y valores atípicos del patrón de compra normal de un usuario.

- **Predicciones.** Esto implica la predicción de una variable del resto de las variables. Por ejemplo, puede predecir el puntaje de crédito de los nuevos clientes en el banco aprendiendo del puntaje de crédito y los perfiles de los clientes actuales.

**Pasos en la aplicación del aprendizaje automático**

Cada tarea del aprendizaje automático se divide en varios pasos:

### 1. Elija el enfoque de aprendizaje automático

Antes de que pueda comenzar cualquier paso, debe haber un problema de aprendizaje automático. ¿Pregúntese a sí mismo qué desea descubrir? ¿Desea categorizar datos, predecir nuevos valores o agrupar datos en función de algunos factores? Una vez que elija el tipo de tarea de aprendizaje automático que desea realizar, puede continuar y seleccionar el modelo.

### 2. Recopilar datos

En este paso, puede optar por escribir datos en papel, almacenar hojas de cálculo en una base de datos SQL y grabar archivos de texto. Los datos recopilados deben estar en formato electrónico para facilitar su análisis.

### 3. Explorar y preparar datos

La efectividad de un proyecto de aprendizaje automático se define por la calidad de los datos que utiliza. Se recomienda que el 80% del esfuerzo generado en el LD se dirija a la preparación de datos. Este paso requiere una gran intervención humana.

### 4. El Modelo de Capacitación sobre los Datos

La tarea correcta del aprendizaje automático identificará el algoritmo correcto. Entonces durante esta etapa podrá introducir los datos en el modelo. Un aprendiz se refiere a un algoritmo de aprendizaje automático formado en algunos datos y ajustado para adaptarse a los datos de la mejor manera posible.

### 5. Evaluar el rendimiento de un modelo

Dado que cada aprendiz genera una solución sesgada, es bueno determinar la mejor manera en que un algoritmo aprende de su experiencia. Basándose en el modelo aplicado, podría determinar la precisión del aprendiz utilizando un conjunto de datos de prueba.

### 6. Mejorar el rendimiento del modelo

En caso de que se requiera un mejor rendimiento, es bueno utilizar un mecanismo avanzado para mejorar el rendimiento de un modelo.

Una vez que estos pasos han terminado y el modelo parece funcionar bien, se implementa para su tarea requerida. El modelo se puede usar para generar puntajes para predicciones, valores proyectados para datos novedosos e información importante para investigación y mercadeo.

Es esencial hacer un seguimiento del éxito y los fallos de un modelo implementado para ayudar a una persona a producir datos adicionales para capacitar al modelo de la próxima generación.

### Seleccione un algoritmo de aprendizaje automático

El tipo de algoritmo de aprendizaje automático que elija dependerá de los datos presentes y de la tarea propuesta en cuestión. Es fundamental pensar en este proceso durante la recopilación de datos, la exploración y la limpieza de datos.

**Datos de entrada**

Todos los algoritmos del aprendizaje automático deben tener algunos datos de capacitación. Los datos de capacitación están disponibles en forma de características y ejemplos.

Un **ejemplo** incluye una instancia ejemplar única del concepto subyacente aprendido. Se refiere a un único conjunto de datos que describe la unidad atómica de interés aplicada en el análisis. En caso de que esté desarrollando un algoritmo de aprendizaje para seleccionar correo electrónico no deseado, los ejemplos incluirían datos de mensajes electrónicos. Para identificar los tumores cancerosos, es posible que los ejemplos deban incluir biopsias de diferentes pacientes.

Una **función** se refiere a una característica o ejemplo de un atributo. Puede ser importante para aprender el concepto correcto. En el ejemplo anterior, los atributos en el conjunto de datos de detección de correo electrónico no deseado podrían incluir palabras aplicadas en los mensajes de correo electrónico y nombres de dominio. En el ejemplo de conjunto de datos de cáncer, podría tratarse de datos genómicos de células biopsiadas o incluso una característica medida del paciente, como la edad, el peso, la presión arterial y la altura.

**Las funciones** están disponibles en diferentes formas. Si una característica revela una característica medida en números, se denomina numérica. Por ejemplo, el peso y la altura son numéricos. Al mismo tiempo, si hay una característica que determina un atributo representado por un conjunto de clasificadores, la característica se denomina nominal o categórica. Si las siguientes categorías tienen un orden específico, entonces la característica se conoce como ordinal. Es vital prestar atención a lo que representan estas características porque tanto el número como el tipo de características en el conjunto de datos ayudan a definir el algoritmo de aprendizaje automático correcto.

## Algoritmos de aprendizaje automático

Son dos tipos: aprendices supervisados y aprendices no supervisados. Ya sabe una o dos cosas sobre estos dos tipos de algoritmo. En resumen, los aprendices supervisados crean un modelo predictivo mientras que los aprendices no supervisados crean un modelo descriptivo. El tipo que un científico de datos debe seleccionar depende de la tarea en cuestión y lo que necesite lograr.

**Un modelo predictivo** es el mejor para usar si tiene tareas que alteran la predicción de un valor aplicando otro valor en el conjunto de datos.

El algoritmo de aprendizaje intentará identificar y modelar la asociación entre la función deseada y otras características. Los modelos predictivos no requieren uno para pronosticar eventos futuros.

Dado que los modelos predictivos tienen una instrucción detallada de lo que se requiere para aprender en base a casos positivos y negativos, este proceso se describe como aprendizaje supervisado. En este caso, la supervisión no describe la participación humana, pero los valores deseados desempeñan una función de supervisión que guía al aprendiz en todo lo que necesite aprender. Más importante aún, cuando se le da un conjunto de datos, el algoritmo intentará optimizar una función para determinar una combinación de valores de funciones que generen la salida objetivo.

La función deseada que debe predecirse es una característica categórica denominada clase y está formada por diferentes categorías llamadas niveles. Una clase puede constar de múltiples niveles.

Los aprendices supervisados pueden ayudar aún más a predecir los valores numéricos, como los valores de laboratorio, los ingresos y los puntajes de las pruebas. Para predecir estos valores numéricos, se aplican modelos de regresión lineal. A pesar de que los modelos de regresión no son los únicos, son los modelos más utilizados.

Se utiliza un **modelo descriptivo** para manejar las tareas que podrían generar información obtenida a partir del resumen de datos. Aunque predice un objetivo específico de interés, es diferente porque ninguna característica individual es más importante que otra.

Dado que un modelo descriptivo no tiene un objetivo que aprender, el procedimiento de entrenamiento de un modelo descriptivo se denomina aprendizaje no supervisado. Estos métodos son buenos para usarse para extraer datos. Ejemplo de modelado descriptivo es el descubrimiento de patrones. Este método permite identificar relaciones comunes en los datos. El descubrimiento de patrones es muy común en el análisis de la cesta de mercado. La tarea más importante realizada en el análisis de la cesta de mercado es seleccionar los productos que los clientes desean comprar en pares.

En el mundo moderno, los conjuntos de datos continúan expandiéndose y aumentando en complejidad. Los métodos de aprendizaje automático se han vuelto importantes en la comunidad biomédica y en la construcción de modelos predictivos. La mayoría de los investigadores no están bien entrenados para construir e interpretar estos modelos. Por lo tanto, puede ser muy difícil seleccionar el enfoque correcto para un conjunto de datos determinado.

Es primordial identificar el objetivo de un estudio para que pueda determinar si necesita un aprendizaje supervisado o no supervisado. Por ejemplo, si el objetivo principal es desarrollar un modelo que pueda predecir el estado de la enfermedad de un paciente, es correcto utilizar un enfoque supervisado. La elección de utilizar un método no supervisado, como la agrupación en clústeres, puede equivocarse y producir el peor predictor. Por el contrario, si el objetivo es desarrollar una visión general de un conjunto de datos para determinar los patrones más fuertes y si las muestras se pueden dividir en subgrupos, entonces se debe aplicar el método sin supervisión.

Otro factor que debe recordar al adoptar métodos supervisados es que tendrá que buscar explícitamente los patrones relacionados con la anotación que desea predecir. Es probable que descubra algo en el gran espacio de datos que puede predecir la anotación en el conjunto de datos actual. Pero esto no es a dónde quiere llegar. Sin embargo, está interesado en determinar si un modelo específico puede generalizarse. Por lo tanto, los modelos supervisados siempre deben validarse en conjuntos de datos independientes. Además, un buen rendimiento predictivo en los datos de entrenamiento no significa que un modelo sea bueno.

# Capítulo 7: Ciencia de datos y análisis de la Big Data

Independientemente de si va a mejorar las cadenas de suministro, monitorear las operaciones de piso, medir la confianza del consumidor o cualquier problema analítico a gran escala, la Big Data tiene un gran efecto en la empresa. El tamaño de los datos comerciales producidos ha aumentado en un enorme valor cada año, y diferentes tipos de información se almacenan en formatos digitales.

Uno de los mayores desafíos consiste en aprender cómo puede manejar nuevos tipos de datos y descubrir el tipo de información que ofrece valor a su negocio. No se trata solo de cómo puede acceder a nuevas fuentes de datos, sino que también son importantes las interrelaciones entre elementos y patrones. La recopilación de diferentes tipos de datos rápidamente no produce valor. Debe utilizar la analítica para descubrir ideas que respalden el negocio.

La Big Data no crea nuevos mecanismos de almacenamiento ni nuevos tipos de datos, pero desarrolla nuevos análisis. Este capítulo definirá el análisis la Big Data y revisará las diferentes maneras en que uno puede analizar la Big Data para desarrollar patrones y relaciones. Además, aprenderá cómo hacer predicciones informadas y obtener información empresarial a partir de una gran afluencia de información.

Es importante tener en cuenta que la Big Data no es un conjunto independiente de actividades. Por lo tanto, necesita un conjunto cohesivo de soluciones para ayudar en el análisis, recopilar datos y descubrir nuevos conocimientos para ayudar a tomar decisiones frecuentes. La mayoría de las organizaciones logran sus tareas mediante la aplicación de componentes comerciales y de código abierto. La construcción de una arquitectura integrada para el análisis de la Big Data permite a una persona realizar diferentes tipos de actividades y transferir datos entre componentes.

**¿Big data? ¿Qué tan importante es?**

La Big Data se describe como un conjunto de datos que tienen un tamaño que supera la función normal de las herramientas de software de base de datos, como el almacenamiento, la captura y el análisis.

Se refiere a una colección de conjuntos de datos que son muy grandes y complejos, de manera que no se puede procesar utilizando herramientas de administración de bases de datos simples.

**Analítica de la Big Data**

El término Big Data Analytics se ha utilizado ampliamente en el mercado actual. En la mayoría de los casos, se utiliza junto con otros conceptos relacionados, como la minería de datos y la inteligencia empresarial. Si bien todos estos términos se refieren a cómo se analizan los datos, Big Data no es lo mismo cuando varias transacciones, volúmenes de datos y fuentes de datos se vuelven grandes y complejas. En esta situación, se requieren métodos y tecnologías específicas para extraer información de los datos.

Esto lleva a la definición general de Big Data, que incluye las tres V: Velocidad, Variedad y Volumen.

- *Volumen.* Se refiere a un gran conjunto de datos.

- *Variedad.* Describe datos que provienen de diferentes fuentes de datos. Es posible tener datos que se originan en fuentes de datos externas e internas. Lo más importante es que los datos pueden estar en cualquier formato. Pueden ser datos de registro o incluso datos estructurados de tablas de bases de datos y datos semiestructurados, como XML.
- *Velocidad.* Describe grandes tamaños de datos de transacciones con tasas de actualización más altas en flujos de datos que tienen mayor velocidad y tiempo.

De esta forma, Big Data puede considerarse como un repositorio de información de alta velocidad, alto volumen y alta variedad que requiere un medio de procesamiento de información innovador y rentable. Este proceso conduce a una mejor comprensión, una mejor toma de decisiones y una mejor automatización de procesos.

Hasta este punto, debería ser obvio que Big Data no se trata solo de cuán grande es el volumen de datos, sino que los datos también deben llegar a una velocidad rápida y en una forma complicada. Además, deben llegar de diferentes fuentes.

Lo más importante es que es bueno resaltar que podría ser muy valioso intentar definir los elementos que constituyen el Big Data. Todas las personas deben saber que el Big Data de hoy puede no ser el mismo que el Big Data del mañana porque las tecnologías siguen cambiando. En resumen, es relativo.

**El tipo de datos de los que estamos hablando**

Las organizaciones tienen la tradición de capturar datos transaccionales. Además, las organizaciones capturan y almacenan datos adicionales de su entorno operativo a una velocidad rápida. Algunos ejemplos incluyen:

- *Datos de texto.* Este es uno de los tipos más grandes y populares de Big Data. El objetivo es desarrollar hechos importantes a partir de un texto y utilizarlos como aportaciones para el proceso analítico restante.

- *Datos web.* Se pueden capturar los datos de los usuarios web, como búsquedas, lecturas, vistas de página y compras. Esto se puede utilizar para mejorar el rendimiento en campos como el modelado de rotación, publicidad dirigida y segmentación de clientes.

- *Red inteligente y datos del sensor.* Hoy en día, los datos de los sensores se registran a partir de tuberías de aceite, automóviles y aerogeneradores. Estos datos se recogen en una frecuencia extremadamente alta. Los datos del sensor generan información detallada relacionada con el rendimiento de la maquinaria y los motores. Facilitan el diagnóstico de problemas y un desarrollo más rápido de los mecanismos de mitigación.

- *Datos de hora y ubicación.* El GPS, las conexiones WI-FI y los teléfonos móviles hacen que la hora y la ubicación sean una buena fuente de datos. Como resultado, la mayoría de las organizaciones han llegado a comprender la importancia de monitorear los movimientos de sus clientes. Las organizaciones aceptan la necesidad de saber dónde están sus clientes en un momento dado. Otra cosa importante es poder ver los datos de tiempo y ubicación a un nivel agregado. Mientras más personas continúan abriendo sus datos de ubicación y tiempo, surgen muchas buenas aplicaciones. Por lo tanto, los datos de tiempo y ubicación se convierten en uno de los tipos de Big Data más sensibles a la privacidad que deben tratarse con precaución.

- *Datos de redes sociales.* Dentro de las redes sociales como Facebook, Instagram y LinkedIn, es posible, por ejemplo, realizar un análisis de enlaces y descubrir la red de un usuario determinado. El análisis de redes sociales puede presentar perspectivas sobre qué tipo de anuncios pueden atraer a los usuarios. Esto se logra teniendo en cuenta los intereses de los clientes y su círculo de amigos.

Con muchas de estas fuentes de Big Data, la ventaja no reside en el tipo de fuente de datos, sino en el valor que puede generar en combinación con otras fuentes de datos. Es la combinación lo que es muy importante.

**La diferencia entre Big Data y las fuentes de datos tradicionales**

Hay varias formas en que el Big Data difiere de las fuentes de datos tradicionales. Primero, el Big Data puede verse como una nueva fuente de datos. El tipo de transacciones realizadas no es tan diferente de las transacciones que tradicionalmente se hubieran implementado. Una organización puede registrar transacciones en la Web, pero no será diferente de las transacciones registradas hace unos años. La única diferencia viene con el comportamiento capturado. El comportamiento puede incluir el comportamiento del navegador que luego representa una forma de datos nuevos.

En segundo lugar, también se puede argumentar que la velocidad de los datos ha aumentado hasta el punto en que merece ser considerada como una nueva fuente de datos. Por ejemplo, el medidor de potencia solía leerse manualmente. Hoy en día, hay un medidor inteligente que puede leer automáticamente la potencia después de diez minutos. Se puede argumentar, además, que la frecuencia ha aumentado hasta el punto en que admite un nivel de análisis en profundidad diferente.

Otra diferencia entre el Big Data y los datos tradicionales es que hay un aumento en los datos semiestructurados y no estructurados. La mayoría de las fuentes tradicionales caen en el ámbito estructurado. Los datos estructurados incluyen recibos de la tienda de comestibles, datos en el recibo de sueldo, detalles contables en la hoja de cálculo y cualquier otra cosa que se pueda ingresar en una base de datos relacional. Cada pieza de información proporcionada llega en un formato específico y un orden particular. Esto hace que sea muy fácil de manejar.

Las fuentes de datos no estructurados incluyen eso sobre lo que uno no tiene ningún control sobre su formato. Los datos de video, datos de texto y datos de audio pertenecen a esta categoría. Los datos no estructurados son muy difíciles de tratar porque el significado de bits y bytes no está predefinido.

En medio de los datos estructurados y no estructurados, se encuentran los datos semiestructurados. Estos son los tipos de datos que son irregulares e incompletos. Además, su estructura cambia de forma rápida e impredecible. En general, tienen una estructura, pero no se ajusta a un esquema fijo. Weblogs es un gran ejemplo de datos semiestructurados.

Es necesario que una persona trabaje con Big Data en lugar de datos tradicionales. Si lee mucho contenido que parece exagerar Big Data, es fácil pensar que simplemente porque Big Data tiene un alto volumen, variedad y velocidad, en realidad es mejor que los datos. Bueno, este no es el caso. El poder de Big Data radica en el análisis y las acciones que realiza una vez que se publican los resultados del análisis. Big Data por sí mismo no tiene ningún valor. Es fundamental cuando recibe información sobre los datos. Y este tipo de conocimiento puede usarse para tomar una decisión.

**Los diferentes tipos de conocimiento**

Además de los datos, hay algo llamado cambio de paradigma basado en el enfoque analítico. Esto se refiere a un cambio de analítica descriptiva a analítica predictiva y prescriptiva. Cuando se trata de analítica descriptiva, intenta responder a preguntas sobre lo que sucedió en el pasado. Por lo general, todo esto lo que trata es de informar. A continuación, se muestran algunos ejemplos de preguntas que se tratan en análisis descriptivos:

- ¿Cuál es el cliente o producto más rentable?
- ¿Qué cantidad de ingresos por ventas fueron generados en el primer trimestre del año?
- ¿Cuántos clientes perdimos o ganamos en el primer semestre?
- ¿Cuántos clientes ganamos como resultado de las campañas promocionales?

El análisis predictivo se centra en algo que puede suceder a continuación. Esto es muy difícil e involucra extender tendencias y patrones del futuro. Algunos ejemplos de preguntas incluyen:

- ¿Cuál es el número aproximado de un centro de llamadas en el próximo trimestre?
- ¿Cuál es la siguiente mejor oferta para este cliente?
- ¿Qué clientes es probable que se agiten?

El análisis prescriptivo intenta responder a preguntas relacionadas con "¿cómo puedo manejar esto?" Este es el punto en el que el análisis se vuelve operativo. Es totalmente dependiente del negocio y del caso. Algunos de los ejemplos utilizados para demostrar el punto incluyen:

- Saber que una persona tiene una mayor probabilidad de agitarse, por lo que se le presenta un paquete promocional.
- Determinar el historial de visualización de un cliente en la Web, y luego sugerir artículos que el cliente pueda leer.

Todos los ejemplos anteriores existían antes del Big Data. Sin embargo, el enfoque principal se centraba enteramente en los informes. Pero con la llegada de Big Data, ahora es posible:

- Derivar una visión hacia el futuro.
- Aumenta el apetito y la capacidad para obtener una visión rápida y accionable.

Una visión de futuro significa que una empresa podría predecir lo que sucederá. Tradicionalmente, esto era posible, pero la precisión era muy limitada.

Por lo tanto, el Big Data cambió esta ecuación. Una visión rápida y procesable significa que, independientemente de lo que se derive del análisis de datos, debe tener un efecto en el proceso de negocio y el proceso integrado.

Por ejemplo, un sistema de recomendaciones puede generar automáticamente recomendaciones personalizadas como la forma en que Amazon recomienda comprar una cosa diferente de la que otra persona quiere comprar debido a la diferencia en el historial de visualización. Esto no significa que el análisis descriptivo no sea tan importante. De hecho, los informes seguirán siendo un elemento importante en la vida empresarial. En la práctica, se recomienda que una persona sea flexible y aplique diferentes analíticas: lo que proporcionará los mejores resultados depende de la naturaleza de las preguntas creadas y la selección de la herramienta correcta para el trabajo adecuado.

**Valor de negocio de Big Data Analytics**

Big Data ofrece un beneficio significativo para cualquier negocio. Ayuda a obtener información de los datos, a tomar decisiones inteligentes en función de la información y a automatizar las decisiones.

En un nivel detallado, cada solución de Big Data aborda un problema específico que existe en las organizaciones. Como resultado, al desarrollar un caso de negocios que debe aplicarse en un proyecto de Big Data Analytics, uno debe comenzar con un problema de negocios en lugar de tecnología o datos. La elección de recopilar datos o comprar una tecnología determinada sin tener un objetivo comercial claro es una estrategia equivocada.

**La nueva web: visual, semántica e IMPULSADA POR API**

Desde la introducción de la nueva web, ha cambiado mucho. La web a partir de hoy se ha vuelto aún más visual.

Para cargar una foto en la Web solo debe hacer clic en un botón. Pero este no era el caso hace 20 años. Si puede volver a la década de 1990 y pensar cómo eran las computadoras y el Internet, se dará cuenta de cuánto esfuerzo se ha hecho para mejorar y redefinir la tecnología.

## Los datos vinculados y la web semántica

No es que los datos hayan aumentado de tamaño solamente, sino que también crece la Web, y los silos de datos continúan reduciéndose. Los datos también han continuado interconectados. A día de hoy, no estamos cerca de conectar todos los datos. La mayoría de los conjuntos de datos no se pueden conectar fácilmente entre sí. Sin embargo, los principales pasos se han logrado ahora. La web ha seguido siendo más semántica.

Los datos vinculados se refieren a la práctica de compartir, exponer e integrar partes de datos, conocimientos e información en la misma web semántica. Tanto los dispositivos informáticos como los seres humanos ganan cuando se conectan datos que no están conectados. Esto normalmente se realiza a través de tecnologías web, como identificadores de recursos uniformes y el marco de descripción de recursos.

## El fácil acceso a los datos

Sí, hay una gran cantidad de datos, más de lo que puede imaginar, y la mayoría de las organizaciones tienen un desafío cuando se trata de obtener información importante de los datos. Por suerte, la esperanza aún no está perdida. Las herramientas de administración de datos disponibles en las organizaciones nunca han sido tan buenas y efectivas como hoy.

Antes de la era de Internet, muchas grandes organizaciones transferían sus datos desde diferentes bases de datos, sistemas y almacenes de datos. Los expertos y administradores de bases de datos crearon guiones y procedimientos almacenados que automatizaron la mayoría de estos procesos. Los procedimientos por lotes se ejecutaban desde temprano por la mañana.

## Mejor Eficiencia en las Nubes

Es cierto que la nube informática está causando un gran impacto en muchas organizaciones en todo el mundo. La historia de la Web comenzó como la era del servidor antes de que fuera a la era clienteservidor, y ahora estamos en la era de la computación móvil en la nube. Para pasar de una era a otra se requieren muchos desarrollos y esfuerzos; esto no sucede de la noche a la mañana.

El comienzo de Big Data y Open Data creó muchas oportunidades y espacio para que las organizaciones mejoraran sus operaciones. Como resultado, ha habido una gran mejora en las soluciones de la inteligencia empresarial y los paquetes estadísticos.

**Nivel de medición**

Un árbol de decisión puede acomodar tanto datos cuantitativos como cualitativos. Los datos cuantitativos consisten en peso y altura. Describen las cantidades que se pueden modificar utilizando operaciones aritméticas como la resta, la multiplicación y la suma. Por otro lado, lo cualitativo puede consistir en el género y no puede aplicarse en operaciones aritméticas, pero se presenta en árboles de decisión.

Otros tipos de datos, como el tamaño del zapato, pueden ser cuantitativos y cualitativos. Por ejemplo, usted puede fallar en realizar una aritmética significativa con el tamaño del zapato, aunque la secuencia numérica en el tamaño del zapato esté en orden.

# Capítulo 8: Herramientas de ciencias de datos hacia la ciencia de Datos

Hay muchas herramientas de Big Data que se pueden usar para el análisis. En términos simples, el análisis de datos se define como un proceso de inspección, limpieza, transformación y modelado de datos con el único objetivo de descubrir información importante, sacar conclusiones y sugerir la decisión correcta. Este capítulo presentará las mejores herramientas que los científicos de datos utilizan en el proceso de limpieza, modelado, transformación y análisis de datos.

**Herramientas de datos de código abierto**

**1. OpenRefine**

Esto fue llamado formalmente Google Refine. Es una gran herramienta para trabajar con datos desorganizados. Esta herramienta permite a un científico de datos limpiar y cambiar el formato de los datos. Además, un científico de datos puede decidir integrar los datos con datos externos. La herramienta ayuda a un individuo a realizar exploración de datos a gran escala y descubrir patrones en los datos fácilmente.

## 2. Orange

Una herramienta de visualización y análisis de datos de código abierto diseñada para ser utilizada por aquellas personas que no son expertos en la ciencia de datos. Cuenta con un flujo de trabajo interactivo simple y una caja de herramientas avanzada para ayudar a una persona a construir un flujo de trabajo interactivo donde pueda analizar y visualizar datos. Sin embargo, el tipo de visualización que crea Orange es diferente de los gráficos de dispersión, los gráficos de barras y los dendrogramas.

## 3. Knime

KNIME es otra solución de código abierto para el análisis de datos. Esta herramienta permite a una persona explorar y descubrir información oculta en los datos. La herramienta tiene más de 1000 módulos y cientos de ejemplos que se pueden ejecutar para aprender a usarla. Además, tiene una gran cantidad de herramientas avanzadas integradas y algoritmos complejos. KNIME ofrece algunas de las mejores herramientas que cualquier científico de datos puede necesitar.

## 4. R-Programming

Este se considera como la herramienta por definición entre los lenguajes de programación estadística. Algunas personas lo consideran el "niño de oro" de la ciencia de datos. R es también un software de código abierto que cualquiera puede instalar y usar en computación estadística y gráficos. Es compatible con las plataformas Windows, MacOS y UNIX. Es útil en la ciencia de datos y tiene muchas oportunidades de empleo si usted es un experto.

Como R es gratis, cualquiera puede instalarlo, usarlo, actualizarlo, modificarlo, clonarlo y revenderlo. R ayudará a ahorrar dinero en proyectos tecnológicos y ofrece actualizaciones periódicas que son útiles para cualquier lenguaje de programación estadística. Es un lenguaje de alto rendimiento que ayudará a los usuarios a lidiar con un amplio paquete de datos y construir una gran herramienta para ayudar a administrar Big Data. También, es aconsejable utilizarlo para aplicaciones que requieren un uso intensivo de recursos.

Además de la minería de datos, el uso de la programación R le da la oportunidad de aplicar una técnica estadística y gráfica. Esto incluye el modelado lineal y no lineal, el análisis de series de tiempo, las pruebas estadísticas clásicas y la agrupación, entre muchos otros métodos.

### 5. RapidMiner

Al igual que KNIME, RapidMiner se ocupa de la programación visual y es el mejor cuando de modelar, analizar y manipular datos se trata. RapidMiner mejora la productividad de los equipos de la ciencia de datos. Cuenta con una plataforma de código abierto para admitir aprendizaje automático, implementación de modelos y preparación de datos. Dado que es una plataforma integrada de la ciencia de datos, acelera el desarrollo de un flujo de trabajo analítico completo desde la validación de modelos, el aprendizaje automático y la implementación.

### 6. Pentaho

Pentaho se ocupa de los problemas que afectan la capacidad de una organización para aceptar el valor de diferentes datos. La plataforma simplificará la preparación de datos y la combinación de datos, así como una colección de herramientas utilizadas en el análisis, visualización, informes, exploración y predicción. Pentaho está diseñado para garantizar que cada miembro de un equipo pueda transformar los datos en valor.

### 7. Weka

Otro software de código abierto diseñado con la capacidad de manejar algoritmos de aprendizaje automático para usar en tareas de minería de datos. Puede utilizar directamente el algoritmo para procesar un conjunto de datos. También es el mejor para usar en el desarrollo de un nuevo esquema de aprendizaje automático porque se implementa completamente en la programación JAVA.

Dado que la interfaz gráfica de usuario de Weka es simple y fácil de usar, ayuda a hacer una transición sencilla al campo de la ciencia de datos. Escrito en lenguaje Java, cualquier persona con experiencia en Java puede recurrir a la biblioteca en su código.

### 8. The NodeXL

Una herramienta de análisis y visualización de datos que muestra las relaciones en un conjunto de datos. Dado que es un software de código abierto, es de uso gratuito y permite analizar y crear visualizaciones a partir de datos. Es una de las mejores herramientas en estadísticas que puede utilizarse para analizar datos. Cuenta con diferentes módulos como importadores de redes sociales y automatización. Con NodeXL, podrá analizar sus datos de manera rápida y fácil.

### 9. Gelphi

Escrito en lenguaje Java, Gelphi se presenta como una herramienta de código abierto para el análisis de red y la visualización.

### 10. Talend

Es el proveedor líder de software de integración de código abierto para la mayoría de las empresas basadas en datos. Talend permite a los clientes conectarse fácilmente desde cualquier lugar.

## La visualización de datos

### 11. Datawrapper

Es un software de visualización de datos en línea que se puede usar para crear gráficos interactivos. Un usuario cargará datos de archivos CSV, Excel o PDF en el campo. Esta herramienta procesa los datos y genera un mapa, una barra y una línea. Los gráficos producidos por Datawrapper pueden instalarse en cualquier sitio web que esté construido con códigos de incrustación listos para utilizarse.

### 12. Tableau Public

Esta herramienta democratizará la visualización de una manera muy elegante y sencilla. Es una herramienta muy poderosa para usar en cualquier tipo de negocio. Se puede identificar la información de datos con la ayuda de las herramientas de visualización de datos de Tableau. Cuando se trata de análisis, la visualización en Tableau permite a un científico de datos explorar datos antes de pasar a un proceso estadístico complejo.

### 13. Infogram

Posee más de 35 tablas interactivas y más de 500 mapas para permitir que una persona visualice los datos de la manera más hermosa. Crea diferentes gráficos, como nube de palabras, torta y barra. Infogram también admite un módulo de mapa que puede captar la atención de la audiencia.

### 14. Google Fusion Tables

Esta es una de las herramientas de análisis de datos más interesante y poderosa. Es muy útil cuando tiene un gran conjunto de datos que desea visualizar y mapear. Con su potente software de mapeo, Google juega un papel importante en la creación de esta herramienta.

### 15. Solver

Está elaborada con la capacidad de respaldar informes, presupuestos y análisis financieros efectivos. Tiene un botón que le permitirá a cualquiera acceder e interactuar con los datos que generan más ganancias en una empresa.

**Herramientas de Sentimiento**

### 16. OpenText

Es un motor de clasificación especializado que se aplica en la identificación y evaluación de expresiones y patrones en un contenido textual. El análisis se lleva a cabo a nivel de documento, oración y tema.

### 17. Trackur

Un software de análisis de sentimientos automatizado que resalta una palabra clave en particular rastreada por un individuo. Trackur tiene un algoritmo que controla todas las redes sociales y las noticias principales para obtener información importante a través del descubrimiento de tendencias.

### 18. Opinion Crawl

Otro software de análisis de sentimientos en línea aplicado en el análisis de las últimas noticias, productos y empresas. Da libertad a cada visitante para acceder a la opinión de la Web en un tema específico. Cualquiera puede escribir, participar en un tema y recibir una evaluación de sentimientos ad-hoc. Para cada tema, hay un gráfico circular para mostrar el último sentimiento en tiempo real y una lista de titulares de noticias actuales. Además de eso, tiene diferentes imágenes en miniatura y una etiqueta de nube para incluir diferentes conceptos con los que el público puede relacionarse fácilmente. Esta herramienta le permite a una persona ver eventos que afectan el sentimiento positiva o negativamente. Para crear un análisis integral, los rastreadores web buscan el contenido más reciente publicado sobre temas comunes y problemas públicos actuales.

**Data Extraction Tools**

### 19. Content Grabber

Esta es una herramienta diseñada para empresas. La herramienta se ha creado con la finalidad de admitir la extracción de contenido de cualquier sitio web y guardarla en un formato estructurado. Se compone de informes CSV, XML y Excel. Es la mejor herramienta para un experto en programación, ya que tiene un módulo de secuencias de comandos y edición. Además, los usuarios aún pueden usar C #, VB.NET para depurar y escribir información de script para tomar del proceso de rastreo.

## 20. IBM Cognos Analytics

Antes de que se desarrollara esta herramienta, se usaba Cognos Business Intelligence. Está diseñada con una interfaz basada en web para admitir la visualización de datos en el producto de BI. Cuenta con módulos para la gestión de datos, análisis de autoservicio y gestión. Esta herramienta también admite la integración de datos de diferentes fuentes para crear informes y visualizaciones.

## 21. Sage Live

Esta es una plataforma de contabilidad basada en la nube que es compatible con empresas pequeñas y medianas. Permite la creación de facturas, el pago de facturas y las ventas mediante un dispositivo móvil. Además, si desea una herramienta de visualización de datos que admita diferentes compañías, monedas y bancos, entonces esta podría ser la herramienta que busca.

## 22. Gawk

GNU permite usar una computadora sin software. Un gawk es una herramienta que puede interpretar un lenguaje de programación único. Ayuda a los usuarios a manejar trabajos de reformateo de datos simples escribiendo algunas líneas de código. Tiene las siguientes características principales:

• Es manejado por datos en lugar de procedimientos

• Facilita la lectura y escritura de programas

• Busca líneas y otras unidades de texto que tienen uno o más patrones

## 23. GraphLab Create

Tanto los científicos de datos como los desarrolladores utilizan esta herramienta para crear productos de datos de vanguardia utilizando el aprendizaje automático. Este tipo de herramienta de modelado de máquinas ayudará a los usuarios a crear aplicaciones inteligentes. Las características principales de esta herramienta incluyen:

- Integrar la ingeniería de funciones automática, las visualizaciones del aprendizaje automático y la selección de modelos a la aplicación.

- Identificar y vincular registros tanto dentro como a través de fuentes de datos que tienen la misma entidad del mundo real.

- Simplificar el desarrollo de modelos de aprendizaje automático.

### 24. Netlink Business Analytics

Es una de las soluciones bajo pedido más completas. Puede acceder a él a través de un navegador web o cualquier otro dispositivo y aplicarlo en una empresa completa. Puede compartir los paneles de control entre los equipos utilizando las funciones de colaboración. La mayoría de las funciones se adaptan a las ventas y la capacidad analítica complicada en función de la previsión de inventario, la detección de fraudes, el sentimiento y el análisis de la rotación de clientes.

### 25. Apache Spark

Esta herramienta está diseñada para ejecutarse en memoria y en tiempo real. Como resultado, facilita un análisis más rápido en tiempo real.

## Las 5 mejores herramientas y técnicas de análisis de datos

### 1. La analítica visual

Existen diferentes métodos que se pueden utilizar para analizar los datos. Por ejemplo, construir un gráfico y descubrir puntos únicos. Este método consiste en otros métodos, como la interacción humana, el análisis de datos y la visualización.

### 2. Experimentos comerciales

Las pruebas AB, los experimentos comerciales y el diseño experimental consisten en todas las técnicas aplicadas para probar la validez de algo.

### 3. Análisis de regresión

Este método le permitirá identificar una relación entre dos variables diferentes y la fuerza de la relación.

### 4. Análisis de correlación

Esta es una técnica estadística que le permitirá identificar si existe una relación entre dos variables diferentes. Este método es perfecto cuando se sospecha que existe una relación especial entre las dos variables.

### 5. Análisis de series de tiempo

Aquí, los datos se recopilan a intervalos de tiempo uniformes. Puede usarlo en cualquier momento que desee identificar cambios y predecir eventos futuros según lo que haya sucedido en el pasado.

# Capítulo 9: Seguridad de datos - Proteger los principales activos empresariales

Un científico de datos de seguridad se refiere a un especialista en analistas de datos para fraude y seguridad. Tienen una gama diferente de especialidades que pueden consistir en una o más de las siguientes:

• Parámetros de seguridad

• Análisis de malware

• Detección de amenazas internas

• Análisis de fraudes y pérdidas

• Informática y red forense

• Y muchas más

**Ciencia de datos de seguridad**

Esta se refiere a la aplicación de analíticas complicadas para acceder y descubrir riesgos desconocidos. En general, la ciencia de datos se refiere al método de extracción de información importante de los datos.

Cuando se trata de seguridad, la visión sobre los datos importantes ayuda a reducir los riesgos. La ciencia de datos ha emergido para cumplir con los desafíos de procesar conjuntos de datos extensos, "Big Data", y la exploración de nuevos datos producidos por dispositivos inteligentes, redes sociales y la Web. La ciencia de datos tiene una larga y rica historia de fraude y seguridad. Tanto la seguridad de la información como el control de fraudes han pasado por cambios para resolver problemas y obtener información de datos extensos.

**¿El porqué de la ciencia de datos de seguridad?**

Está enfocada en mejorar la seguridad de la información a través de aplicaciones prácticas de Estadísticas, Análisis de Datos, Aprendizaje Automático y Visualización de Datos. Si bien las herramientas y técnicas no son diferentes en comparación con las aplicadas en la ciencia de datos, este campo se centra principalmente en la reducción del riesgo y la identificación de fraudes.

Se cree que el conocimiento y la experiencia en el dominio son importantes para la aplicación exitosa de los análisis para reducir el riesgo y las pérdidas por fraude.

**Desenmascarando la seguridad de la información usando la ciencia de datos**

No es fácil encontrar buenos recursos escritos sobre seguridad de la ciencia de datos en la Web.

**¿Cuál es la razón del aumento de ataques de ransomware y violaciones de datos?**

Hay varias razones para explicar el aumento de ataques de ransomware y violaciones de datos:

• Los atacantes descubren una forma eficiente de generar efectivo rápido usando ransomware. Una razón para explicar esto es que puede encontrar ransomware como un servicio en la dark web (red oscura). Como resultado, los atacantes pueden optar por aprovechar el servicio de ransomware y concentrarse en la extorsión.

• La aparición de ataques ha aumentado y el perímetro de la red se disuelve como resultado de la nube y el móvil.

**Desafíos de la seguridad de la información**

• Hay muchos puntos de vulnerabilidad que un atacante puede usar para ingresar a una red empresarial. No es fácil proporcionar seguridad total porque las herramientas que usa para hacer cumplir la seguridad de una red no son 100% perfectas. Algunos pueden no distinguir entre un usuario genuino e intruso.

• La seguridad de la información está sesgada. El equipo de seguridad tiene la responsabilidad de anotar más de 10,000 líneas de código para arreglar un punto de intrusión y hacer cumplir la seguridad del sistema. Sin embargo, los adversarios solo necesitan identificar un punto de debilidad para atacar y crear un parche de seguridad.

• Los adversarios aplican los mismos comandos, herramientas y scripts que usan los administradores del sistema. Según el conjunto de habilidades del atacante, pueden elegir utilizar una herramienta como Nmap, Metasploit y PowerSploit.

**Por qué la seguridad de la información debe tener un científico de datos**

Una vez que los atacantes se acercan a una red empresarial, deben determinar el punto en el que se encuentran. Una vez que identifican las ubicaciones, se acercan a los objetivos y realizan el ataque. Mientras realizan algunas de estas operaciones, pueden dejar ciertas huellas para revelar sus señales. Estas señales se pueden encontrar en los datos, y su presencia se puede desenterrar con la ayuda de un científico de datos.

Al principio, todos los datos solían transferirse a un lago de datos de seguridad, como la información y gestión de seguridad (SIEM). Sin embargo, con la disponibilidad de técnicas complejas de la ciencia de datos, las asociaciones a través de muchos eventos podrían llevarse a cabo en tiempo real. Mediante el uso de algoritmos, es posible conectar puntos y descubrir patrones.

Una ventaja que viene con la ciencia de datos es que aprende de decisiones ejecutadas por analistas de seguridad. Una vez que el sistema ha sido entrenado completamente, comienza a ejecutar medidas preventivas similares a las hechas por analistas de seguridad de forma automática.

**Desafíos de la ciencia de datos en la seguridad de la información**

Los desafíos experimentados en la seguridad de la información son multidimensionales. Lo que esto significa es que existen muchas características en toneladas de fuentes de datos. Es por eso que es crítico identificar la presencia de un atacante a través de la extracción de datos encontrados en los registros de la máquina. Este es uno de los problemas más complejos, ya que la relación señal - ruido es muy baja. Además, establecer un enlace entre secuencias independientes y de ataque es un esfuerzo muy grande.

La mayor parte de los datos de seguridad no tienen etiquetas, lo que dificulta el uso de las redes de Aprendizaje Profundo en una gran cantidad de casos de seguridad de la información.

Pero la industria ha elegido lidiar con este problema produciendo etiquetas de clase. Por ejemplo, la detección de malware y la clasificación de los dominios DNS se realiza completamente mediante la aplicación de técnicas de aprendizaje automático.

Otra forma en que estos casos se aplican en la seguridad de ciencia de datos es en el desarrollo de una línea de base para cada red, y luego hacer comparaciones para descubrir anomalías.

**Principales fuentes de datos y casos de uso**

La seguridad de la información tiene un extenso número de registros. Tanto el volumen de datos como la variedad dependen del tamaño y dominio de la organización. A continuación, se muestra una lista de una fuente de datos típica para la seguridad de la información:

*Criterios de valoración:* aplicaciones, procesos, alertas IDS basadas en host, cambios en el registro, registros del sistema operativo, cambios en el sistema de archivos y alertas antivirus.

*Inteligencia de amenazas*: estas indican si un sistema está comprometido.

**Registros de vulnerabilidad**

*Red:* paquetes y flujos de red, topología de red, registros de firewall, registros DNS, registros Bro y registros proxy HTTP.

**Registros de gestión de activos**

La mayor parte de los registros anteriores muestran la visibilidad relacionada con la presencia y las actividades del adversario.

**La evolución de la ciencia de datos de seguridad**

La seguridad de ciencia de datos ha experimentado la evolución de tres fases:

### 1. Basada en reglas y detección de una anomalía por sistemas

La ciencia de datos ha jugado un papel importante, especialmente en la seguridad de la información. Esto comenzó con técnicas basadas en reglas que ayudaron a un individuo a descubrir actividades extrañas en el sistema de prevención y detección de intrusos.

Las reglas son definidas y establecidas por expertos en seguridad. En caso de una intrusión, se envía una alerta. Por ejemplo, si un atacante intenta ingresar a un sistema y alcanza el número máximo de intentos, se envía una alerta a los expertos en seguridad.

Estos sistemas de detección de anomalías generalmente dependen del comportamiento normal de la red y de los hosts. Esto significa que cuando algo se extiende más allá del comportamiento normal, se genera una alerta. Afortunadamente, existen algoritmos de detección de anomalías para detectar cualquier actividad inusual.

Los algoritmos basados en anomalías se construyen en redes para facilitar:

- Hosts y usuarios que tienen un comportamiento anormal
- Fallos excesivos de DNS
- Puertos anómalos
- Tráfico inusual de un host

Sin embargo, muchos de los sistemas AD generaron falsas alarmas y piden a los analistas de seguridad que confirmen las alertas.

**2. Lagos de datos de seguridad**

Es importante transferir una alerta y combinar múltiples fuentes de datos en el lago de datos de seguridad.

**3. Detección de malware**

La estructura de Big Data tiene una nueva técnica de seguridad de la ciencia de datos. Esto hace posible utilizar registros de filas en tiempo real y generar alertas. Como resultado, se ha creado un nuevo comportamiento de usuario y entidad para tener ventaja sobre el llamado y la detección de una anomalía. Hasta ahora, las empresas pueden notar rápidamente cuando hay un ataque interno debido a las nuevas soluciones inventadas. Sin embargo, todavía hay algunos problemas con los mismos medios para detectar una anomalía.

Otra área que ha ganado cada vez más atención es la seguridad de terminales donde se aplica el aprendizaje automático en la detección y clasificación de malware. Los algoritmos ML supervisados se aplican en la clasificación de secuencias de comandos maliciosas, detección de túneles DNS, detección de malware, aplicación de ataques y muchas amenazas conocidas que incluyen etiquetas presentes en el sistema de capacitación.

### 4. Ciencia de datos activada por fraude

En el mundo moderno, ha evolucionado un nuevo cambio de paradigma para el campo de la seguridad de la información. En la defensa de seguridad, el engaño se aplica primero en toda la red empresarial. A continuación, la ciencia de datos se utiliza para perfilar el comportamiento de un adversario y sus acciones en la red.

La ciencia de datos activada por fraude no es lo mismo que la ciencia de datos de seguridad de datos normal. Para la seguridad de datos normal, depende principalmente de las técnicas para detectar un fallo en el tráfico de red. Incluso si este método comienza con un ataque real, un fallo detectada por una actividad de fraude no necesita un algoritmo de detección de anomalías.

Las alertas de fraude representan una alerta crítica. La ciencia de datos es similar a otros eventos de seguridad que tienen una alerta de alta fidelidad para obtener información relacionada con el comportamiento del adversario. En esta situación, el contexto se recopila y describe en torno a una alerta de fraude en lugar de buscar anomalías. Este tipo de ciencia de datos puede concentrarse más en capturar todo lo que está vinculado a un ataque.

### Tres tendencias en la ciencia de datos de seguridad en 2018

### 1. Aprendizaje automático para automatización de respuesta

El aprendizaje automático ha demostrado ser una herramienta importante a la hora de detectar evidencias de amenazas utilizadas en la compilación de un informe. Los expertos en seguridad pueden capacitarse subconscientemente para responder a la evidencia de un evento de una manera determinada. La clave para la seguridad de la información depende de los analistas de seguridad de la información y de la mayoría de las respuestas rápidas que pueden automatizarse. En la mayoría de los casos, la respuesta puede ser de aprendizaje automático.

El dolor por sobrecarga de información no es un problema reciente para el aprendizaje automático. Sin embargo, varias presiones exigen una aplicación más generalizada de ML para simplificar una respuesta a través de la destilación del Aprendizaje Automático en lugar de pruebas adicionales complejas. Algunos de ellos incluyen:

- Presión del mercado para maximizar los flujos de trabajo
- Disminución de los rendimientos en el tiempo de reducción

**Acciones a tomar**

• Identificar el flujo de trabajo de remediación de los analistas de seguridad en la organización.

1. ¿Qué evidencia asociada con el incidente indica una alta confianza para responder?
2. ¿Qué evidencia muestra cómo responder?
3. Para un evento típico, ¿cuántas decisiones deben tomarse durante la remediación?
4. ¿Qué tareas podrían ser automatizadas?
5. En este momento, ¿qué se está automatizando?

• No fuerce una solución a los analistas de seguridad.

• Revise cómo las soluciones existentes pueden automatizar y simplificar los pasos de remediación.

### 2. Aprendizaje automático para manejar la automatización

Ha habido pruebas para revelar cómo la IA puede amplificar ataques digitales. Los conjuntos de herramientas están haciendo que la barrera de entrada sea baja. Existen varios impulsores económicos para facilitar la omisión del CAPTCHA. Los riesgos y explotaciones de seguridad actuales son mucho más vergonzosos y complejos para que los adversarios avanzados tengan éxito.

**Acciones a tomar**

- Proteger a los usuarios utilizando más que simples códigos CAPTCHA y técnicas de imagen simples que los seres humanos pueden resolver de forma trivial.
- Estar preparado para incidentes poco probables.
- Mantenerse familiarizado con las pruebas de lápiz y las herramientas de red teaming.

**3. Cumplimiento del modelo**

Las leyes globales determinan el diseño, la ingeniería y los costes operativos de las soluciones de ciencia de datos de seguridad. Las leyes brindan pautas estrictas sobre el manejo de datos, el movimiento y las restricciones de construcción de modelos. El cumplimiento del modelo no es una única inversión. Las leyes de privacidad pueden cambiar según el panorama político.

Crear modelos que se adhieran a las leyes de cumplimiento es crítico. Algunas de las acciones que se pueden realizar incluyen:

- Los clientes finales deben auditar los datos y etiquetarlos correctamente.
- Realizar modelado por niveles: cada región geográfica debe modelarse por separado, y luego los resultados deben ser borrados y transferidos a un modelo global.

**El valor de la ciencia de datos en la seguridad**

La ciencia de datos es un órgano importante en la seguridad. Para obtener Big Data y las oportunidades presentadas por la ciencia de datos es importante garantizar que las tecnologías y la infraestructura en las que opera un sistema sean fiables. La seguridad es un elemento importante en el futuro de Big Data. La ciencia de datos es otra herramienta importante que puede ayudar a las organizaciones de seguridad a alcanzar el éxito en este dominio.

Un ejemplo popularmente citado de la ciencia de datos para fines de seguridad proviene de la industria bancaria y de seguros. En estos campos, la ciencia de datos crea una combinación de análisis y aprendizaje automático para determinar transacciones falsas.

Al revisar los conjuntos de datos asociados con el comportamiento de la red, las empresas pueden identificar errores y generar alertas. Esta técnica básica se puede implementar para trabajar con aplicaciones de seguridad. Las aplicaciones ayudan a determinar una intrusión en la red de una empresa, así como a descubrir usuarios que van en contra de las políticas corporativas y la administración de tareas.

Con la presencia del aprendizaje automático, tanto los algoritmos como los modelos pueden mejorarse para reflejar los cambios en el comportamiento del personal y los cambios en la tecnología para ayudar a reducir el número cada vez mayor de alertas innecesarias a las que el personal debe responder. Al igual que con cualquier otro proyecto de la ciencia de datos, los profesionales de seguridad solo pueden avanzar cuando tienen los datos correctos. Sin embargo, con el coste decreciente del almacenamiento de datos y la facilidad de recopilación de datos, las empresas pueden encontrar una gran cantidad de información y mantenerla todo el tiempo que deseen.

Cuando se trata de seguridad, una gran cantidad de datos dificulta la validación del uso en los casos de la ciencia de datos. A pesar de que es difícil realizar análisis predictivos, la ciencia de datos debe estar más centrada en las tendencias. Cuando se buscan patrones y anomalías, podría ser rentable realizar una muestra de datos más pequeña. Pero hasta ahora, el modo en que la ciencia de datos se utiliza en la seguridad de la información sigue siendo un enigma.

# Capítulo 10: Dominando sus datos con probabilidad

Es difícil ser un científico de datos sin tener conocimientos de probabilidad. Todos los expertos en ciencia de datos tienen un buen conocimiento de probabilidad y matemáticas.

Vale la pena pensar en la probabilidad como un medio para validar la incertidumbre relacionada con los eventos seleccionados de un determinado universo de eventos. En lugar de dominar los términos técnicos de las probabilidades, imagine tirar un dado. El universo se compone de todos los resultados. Cualquier subconjunto de los siguientes resultados es un evento. Por ejemplo, "el dado saca un cuatro" o "el dado saca un número impar".

La notación matemática para probabilidad es P (E) para referirse a "la probabilidad del evento E".

La teoría de la probabilidad ayuda a construir modelos. En este capítulo, aprenderá cómo se usa la teoría de la probabilidad para examinar modelos.

**Dependencia e independencia**

Básicamente, se dice que dos eventos E y F son dependientes si al saber si E tiene lugar se genera información sobre si F ocurre. Si no, entonces se dice que es independiente.

Por ejemplo, si voltea una moneda de dos caras dos veces y la primera vez sale cara, no significa que en la segunda vuelta también saldrá cara. En otras palabras, estos dos eventos son independientes. Por el contrario, si al voltear el primer evento se genera información para ayudarnos a determinar el resultado del segundo evento, se dice que ambos eventos son dependientes.

En matemáticas, se dice que los eventos E y F son independientes si la probabilidad de que ambos ocurran es producto de las probabilidades de que ocurra cada uno.

$$P(E, F) = P(E) P(F)$$

En el ejemplo de lanzar una moneda, la probabilidad del primer lanzamiento es 0.5, y la probabilidad de ambos lanzamientos es 0.25. Sin embargo, como puede imaginar, si se realizan dos lanzamientos, la probabilidad de que el primer lanzamiento sea cara, y que ambos lanzamientos sean cruz es 0.

**La probabilidad condicional**

Cuando dos eventos E y F son independientes, entonces se define como:

$$P(E, F) = P(E) P(F)$$

En caso de que no sean independientes, y la probabilidad de que F no sea cero, entonces se dice que la probabilidad de que E sea condicional a F:

$$P(E/F) = P(E, F) / P(F)$$

Esto se puede parafrasear como la probabilidad de que ocurra E dado que F sucede.

Esto puede ser reescrito como:

$$P(E, F) = P(E/F) \, P(F)$$

Si E y F son independientes, entonces puede continuar para confirmar:

$$P(E/F) = P(E)$$

Esta es una expresión matemática que significa que tener conocimiento sobre la aparición de F no proporciona información adicional sobre la aparición de E.

Un ejemplo popular para explicar este concepto es el de una familia con dos hijos desconocidos.

Si ese es el supuesto, entonces:

1. Cada niño es igualmente probable que sea una niña o un niño.
2. El género del segundo hijo no depende del género del primer hijo.

Por lo tanto, el evento "no niñas" tendrá una probabilidad de 0.25, el evento "una niña, un niño" tendrá la probabilidad de 0.5, y finalmente el evento "dos niñas" tendrá la probabilidad de 0.25. Por lo tanto, puede seguir adelante y averiguar la probabilidad de que "ambos hijos sean niñas" condicionan el evento "el niño mayor es una niña" aplicando la probabilidad condicional.

**Teorema de Bayes**

Es uno de los mejores teoremas para los científicos de datos. El teorema de Bayes implica revertir las probabilidades condicionales. Tomemos, por ejemplo, cuando quiera averiguar la probabilidad de que el evento E sea condicional a que ocurra otro evento F. Sin embargo, la única información disponible es la probabilidad de que F sea condicional a que ocurra E.

El teorema de Bayes se usa generalmente para mostrar por qué los científicos de datos son más inteligentes que los médicos. Por ejemplo, una enfermedad específica afecta a 1 de cada 10,000 personas. Imagine que hay una prueba para esta enfermedad en particular que muestra el resultado correcto "enfermo" en caso de que tenga la enfermedad y "no enfermo" si no tiene la enfermedad el 99% del tiempo.

Entonces, ¿qué mostrará una prueba positiva? Según el teorema de Bayes, la probabilidad de que usted tenga la enfermedad, condicionada a un resultado positivo, es del 0,98%. Como puede ver, esto es menos del 1% de las personas que dan positivo. Si bien el teorema de Bayes nos presenta este resultado, muchos médicos lo aproximarán al 2%.

Otra forma de ver esto es imaginando una población compuesta por 1 millón de personas. Puede esperar que 100 de ellos tengan la enfermedad y que 99 de esas 100 personas obtengan un resultado positivo. Por el contrario, puede esperar que 999,900 de ellos estén libres de la enfermedad, mientras que 9,999 darán un resultado positivo. En otras palabras, usted esperará que solo 99 de (99 + 9999) pruebas positivas tengan la enfermedad.

**Variables aleatorias**

Una variable aleatoria describe una variable cuyo valor positivo está asociado con la distribución de probabilidad. Una variable aleatoria simple es equivalente a 1 si lanzar una moneda muestra cara y 0 si el lanzamiento muestra cruz. Una avanzada puede contar el número de caras registradas al lanzar una moneda diez veces o un valor seleccionado de un rango (10) donde cada número es igualmente probable.

La similitud en la distribución muestra las probabilidades de que la variable alcance cada uno de sus valores prospectivos. La variable después de lanzar una moneda es igual a 0 con una probabilidad de 0.5 y 1 con una probabilidad de 0.5. El rango de (10) variable contiene una distribución que asigna una probabilidad de 0.1 a cada número del 0 al 9.

Existe un aspecto llamado valor esperado de una variable aleatoria que pronto aprenderá. Este es el promedio de sus valores ponderados por sus probabilidades. El lanzamiento de una variable de moneda tiene un valor esperado de 1/2 (= 0 * 1/2 + 1 * 1/2), y la variable de rango (10) contiene un valor esperado de 4.5. Además de esto, uno puede condicionar variables aleatorias en eventos similares a otros eventos.

**Distribuciones continuas**

Lanzar una moneda es equivalente a una distribución discreta. En este caso, una probabilidad positiva está vinculada con resultados discretos. Por lo general, una persona puede querer modelar distribuciones a lo largo de una serie de resultados. Por ejemplo, la distribución uniforme asigna un peso igual en todos los números entre 0 y 1.

Como hay muchos números entre 0 y 1, esto implica que el peso que asigna a los puntos individuales debe ser cero.

**Distribución normal**

Esta es la mejor de todas las distribuciones. Es la clásica distribución en forma de curva de campana determinada por dos parámetros: media y desviación estándar. La media mostrará la ubicación donde está centrada la campana, mientras que la desviación estándar ilustra lo ancha que es.

**El teorema del límite central**

Cuando tiene una gran cantidad de datos con los que trabajar, puede que le resulte difícil decidir el método a utilizar para recuperar información importante. De hecho, es muy difícil saber qué está pasando por debajo de los datos. Para resolver este problema, se extrae y estudia una pequeña cantidad de datos. Sin embargo, una pequeña parte de los datos no es suficiente. Es importante echar un vistazo a varios fragmentos para aumentar la confianza en los resultados.

Supongamos que se tiene el nivel de colesterol de las personas del país A. Entonces es posible determinar la media, la mediana y el modo de los datos. Puede trazar un histograma que contenga rangos significativos y revisar los datos. Supongamos que los datos se parecen a la figura que se muestra a continuación. La media de los siguientes datos es 153.2.

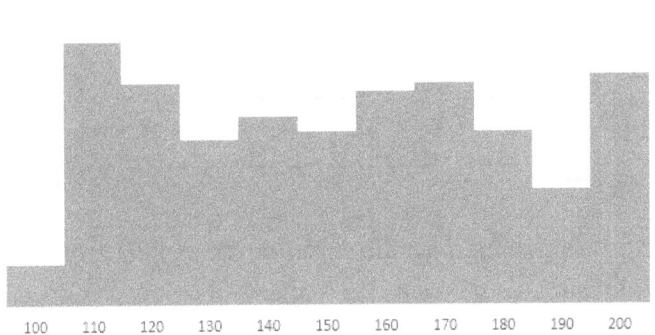

Este es un dato extenso que será muy difícil de procesar. Para procesar los datos, se extraen datos de 50 personas y se utilizan para calcular la media.

A continuación, se toma otra muestra de 50 personas y se usa para calcular la media. Esto se hace varias veces antes de graficar la media de estas muestras.

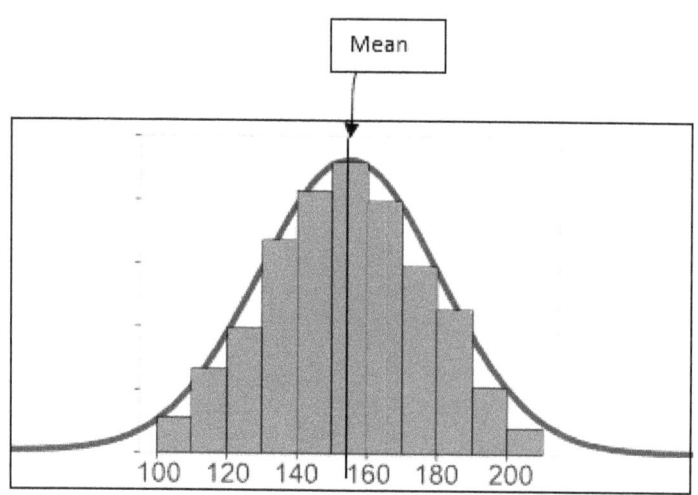

Como puede ver, la muestra anterior significa crear una distribución de frecuencia que parece simétrica. La frecuencia cercana a los datos originales es la más alta y se reduce una vez que se aleja de la media. Esto implica que, si extraemos los niveles de colesterol de 50 personas y calculamos la media, oscilará entre 150 y 160. Solo unos pocos valores medios pasarán de 170 y serán inferiores a 140.

**Distribución normal**

Anteriormente, se mencionó como una curva de campana. Se muestra de la siguiente manera:

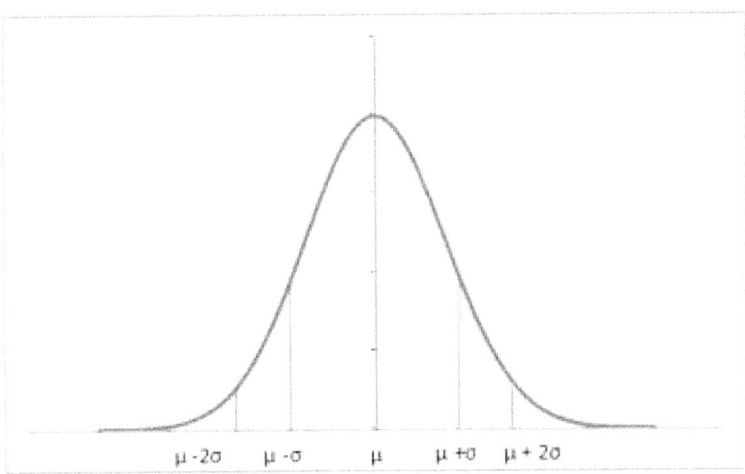

Una distribución normal es perfectamente simétrica a la media. Las probabilidades en una distribución normal se mueven en la misma dirección que la media. El área por debajo de la curva es 1 y al agregar todas las probabilidades posibles se obtendrá 1.

Este tipo de distribución puede cambiar dependiendo de cómo se distribuyan los datos. Si los datos tienen un rango alto y una desviación estándar, la curva normalmente distribuida se extiende y se vuelve más plana.

Aparte de esto, la mayoría de los valores no están cerca de la media. Por lo tanto, la probabilidad de que los datos estén cerca de la media disminuye. Nuevamente, si la desviación estándar es baja, significa que los valores estarán cerca de la media. Por lo tanto, hay una mayor probabilidad de que la media de la muestra esté cerca de la media. Recuerde: cuanto mayor sea la desviación estándar, más grande y plana será la curva.

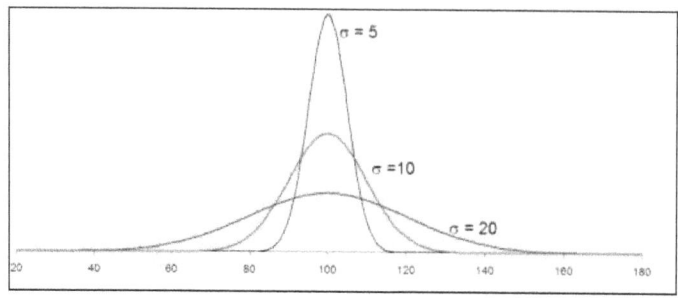

**A continuación, se muestran los puntos principales:**

• Hay una probabilidad grande de que los medios se acerquen a la media real de los datos en lugar de estar lejos.

• El área de la función de densidad de probabilidad representa la probabilidad de una variable aleatoria en ese rango.

• Las distribuciones normales de la desviación estándar grande se expanden en comparación con las desviaciones estándar más bajas.

**El área en la Distribución Normal**

Suponga que tiene un conjunto de datos de colesterol de varios pacientes y desea determinar la probabilidad de pacientes sanos. El valor medio ($\mu$) para el colesterol de todos los pacientes es equivalente a 150, y la desviación estándar es equivalente a 15.

¿Puede ver que los pacientes que están sanos son una desviación estándar en ambos lados de la media? Esto significa que tiene que calcular el área bajo la curva dejando 135 y 165 como límites.

Esta área particular para la distribución normal se ha calculado, y el porcentaje es del 68%.

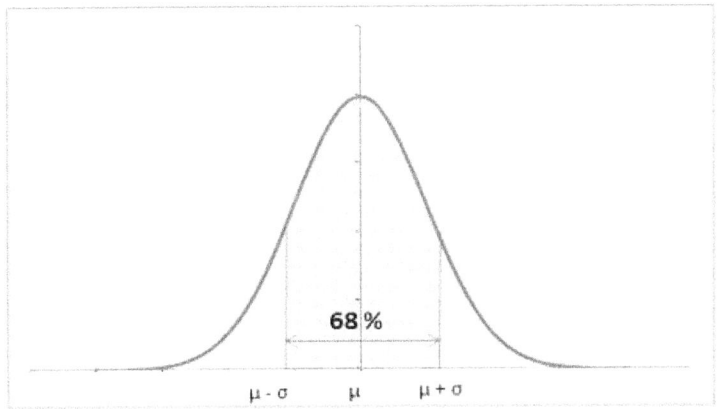

**Puntajes Z**

En estadísticas, hay muchos casos en los que la probabilidad será menor o mayor que un valor en particular. Este valor no será igual a $1\sigma$ o $2\sigma$ como la distancia de la media. La puntuación Z es la distancia que depende del número de desviaciones estándar y el valor observado desde la media.

Cuando tiene una puntuación z positiva, el valor observado es la desviación estándar de Z más que la media. Por otro lado, una puntuación Z negativa significa que el valor está por debajo de la media.

Valor observado = $\mu + z\sigma$ mientras $\mu$ es la media y $\sigma$ representa la desviación estándar.

# Capítulo 11: Datos en la nube

La ciencia de datos se refiere a una intersección de muchos conceptos importantes.

Para ser un científico de datos, se necesita tener habilidades de programación sólidas. Aunque no esté familiarizado con todos los conceptos de programación, como la arquitectura e infraestructura de software de producción general, debe tener algunas habilidades básicas en conceptos de informática. Antes de comenzar una clase de ciencia de datos, es necesario que instale R language y Python en su computadora.

Mientras que la analítica avanzada continúa expandiéndose, los equipos de ciencia de datos continúan evolucionando. Esto requiere una solución de colaboración como un sistema de recomendación, análisis predictivo, etc. Las herramientas de investigación y portátiles integradas con el control de código fuente son un ejemplo de una solución de colaboración.

La colaboración requiere la inclusión de quienes trabajan afuera, especialmente cuando la ciencia de datos propone lograr los objetivos comerciales.

**¿Qué es una nube?**

Si bien suena hipotético y abstracto, una nube tiene un significado preciso. Antes de continuar, hay algunas definiciones de algunos conceptos que debe conocer:

**Red.** Esto se refiere a una colección de computadoras conectadas que comparten recursos. Internet es un buen ejemplo de red. Las redes domésticas como el Conjunto de servicios de Wi-Fi y la Red de área local tienen varias computadoras conectadas. Los recursos compartidos incluyen medios, páginas web, servidores de aplicaciones, almacenamiento de datos e impresoras.

Las computadoras en una red se conocen como **nodos.** La intercomunicación entre computadoras se realiza a través de protocolos de Internet como HTTP, TCP e IP. Algunos de estos protocolos de comunicación pueden ayudar a actualizar un estado, realizar una solicitud y muchos otros usos.

Además, es difícil para las computadoras ubicarse en las instalaciones. En otras palabras, tanto los datos como las aplicaciones se encuentran en las computadoras en el centro de datos. Un centro de datos es útil porque tiene la infraestructura necesaria para respaldar la seguridad y la protección, entre otros.

Dado que el coste de las computadoras y el almacenamiento ha seguido reduciéndose con el tiempo, muchas soluciones ahora involucran varias computadoras que funcionan juntas, y no son tan costosas cuando uno quiere escalar. Esto es muy diferente de las soluciones de escalado que incluyen la compra de un dispositivo de computación poderoso y caro. El motivo de la colaboración es facilitar el funcionamiento continuo incluso si una sola computadora se descompone. Además de esto, la colaboración mejora el sistema para que pueda escalar y manejar automáticamente cualquier carga que se aplique.

Los sitios populares de redes sociales como YouTube, Netflix y Facebook son buenos ejemplos de aplicaciones en la nube que deben escalarse. Es raro ver fallar estas aplicaciones. Esto se debe a que tienen sus sistemas alojados en la nube.

Un **clúster** se refiere a un grupo de computadoras conectadas a la misma red y todas trabajan para realizar una tarea similar. Puede considerarlo como una sola computadora que puede mejorar el rendimiento, la escalabilidad y la disponibilidad.

A continuación, vamos a definir la nube. En términos simples, la nube se refiere al proceso en el que una sola entidad puede tener control total sobre un grupo de computadoras en red y generar soluciones de software. Dependiendo de cómo se define la nube, se dice que internet es una red y no una nube.

**Ciencia de datos en la nube**

Cualquier persona que esté familiarizada con la ciencia de datos es consciente de que el proceso tiene lugar en la máquina local del científico de datos. La computadora ya está instalada con un lenguaje de programación. Esto puede ser R o Python. El científico de datos adicionalmente instala paquetes de desarrollo relevantes con un administrador como Anaconda o instala paquetes individuales manualmente.

Una vez que el entorno de desarrollo está listo, comienza el flujo de trabajo habitual de la ciencia de datos, siendo los datos el único elemento necesario.

A veces, no es obligatorio realizar todas las tareas relacionadas con la ciencia de datos y Big Data en un entorno de desarrollo local diferente. Estas son las razones del por qué:

• La potencia de procesamiento del entorno de desarrollo no realiza las tareas en un tiempo razonable.

• Presencia de conjuntos de datos grandes que no pueden estar contenidos en la memoria del sistema del entorno de desarrollo.

• Los resultados deben agruparse en un entorno de producción e incorporarse como un componente en una aplicación grande.

- Se recomienda utilizar una máquina que sea rápida y potente.

Si surgen tales casos, hay muchas opciones que considerar. En lugar de utilizar un entorno local de ciencia de datos, las personas implementan la tarea informática en una máquina local o incluso en una máquina virtual basada en la nube. Las ventajas de usar máquinas virtuales y clústeres de auto escalamiento es que se pueden ampliar y descartar cuando sea necesario. Además, está personalizado para satisfacer las necesidades de almacenamiento y capacidad de computación.

El proceso de implementación de un resultado en un entorno de producción para que se pueda utilizar en una gran cantidad de datos tiene muchos desafíos que deben ser considerados.

Además de las soluciones basadas en la nube desarrolladas a medida, todavía hay muchas nubes y ofertas basadas en servicios disponibles de proveedores específicos.

**Arquitectura de software y atributos de calidad**

Los arquitectos de software diseñan un sistema de software basado en la nube. Este sistema puede representar un producto, servicio o tarea dependiente del sistema de computación.

Una de las tareas involucradas en la construcción de la arquitectura de software incluye seleccionar el idioma correcto para programar. Esto puede requerir mucha consideración, especialmente centrada en el propósito del sistema. Esta parte de la arquitectura de software requiere de una persona con experiencia y habilidad.

En general, las aplicaciones creadas para admitir y usar la tecnología de la nube comparten y permiten el rápido movimiento, además de mejorar la creatividad de los equipos. Adicionalmente, los equipos aprovechan el gran espacio en la nube para almacenar más datos y descubrir muchos casos de uso de datos. Con la computación en la nube, es posible lanzar una función ahora y hacer que se pruebe de inmediato para revelar si da un valor adicional.

**Compartiendo Big Data en la nube**

En el mundo empresarial, el rol de la Big Data no puede ser ignorado. Además, la nube facilita el seguimiento y el análisis de información. Una vez que se integra, la Big Data entrega valor a todos los tipos de organizaciones.

Tradicionalmente, era arriesgado dejar que el negocio procesara datos cableados en silos. Los equipos tenían un gran problema cuando querían compartir ideas. La colaboración solía ser un gran problema, sin olvidar mencionar la dificultad de transferir grandes cantidades de datos. La computación en la nube ha reducido la mayoría de estos problemas y ha facilitado que los equipos trabajen juntos en diferentes distancias.

Es muy difícil ignorar los beneficios de la computación en la nube en el campo de Big Data. De hecho, la mayoría de las empresas de todo el mundo confían en la nube. Piense en Uber y Airbnb, por ejemplo. Estas empresas adoptan la computación en la nube como un medio para mejorar el intercambio de información y de los datos.

**Obteniendo información de Big Data rápida utilizando Cloud**

Hubo un momento en que la Big Data era considerada cara y abrumadora. Durante este período, los esfuerzos en Big Data debían ser reaccionarios y generar ideas.

La computación en nube eliminó la necesidad de un almacén de datos. Esto significa que no debe preocuparse por analizar, compilar y recopilar datos porque tendrá las mejores herramientas para usar con la Big Data.

Tomemos el ejemplo de la recopilación de análisis de clientes en la ciencia de datos. Si elige usar la tecnología de nube y Big Data, facilitará todo el proceso y le permitirá recopilar información de diversas fuentes en ventas, mercadeo y análisis web.

Incluso sin la necesidad de servidores masivos, las empresas pueden obtener datos y analizarlos rápidamente antes de utilizarlos. Pueden hacerlo usando Hadoop y otras aplicaciones que se analizan en los otros capítulos. Ya sea grande o pequeña, las empresas pueden aprovechar la Big Data mediante la adopción de servidores, software y tecnologías basados en la nube. Esto ayudará a reducir el coste de IT y aumentará la flexibilidad y la escalabilidad.

### Gestión de la nube y la Big data

La nube es una gran cosa, ¿verdad? Sin embargo, la mayoría de las empresas tienen miedo de cómo regular el manejo, la privacidad y el control. La Big Data viene con sus desafíos, y la implementación de los datos en la nube trae consigo problemas de privacidad y seguridad.

Esta es la razón por la que es fundamental desarrollar un plan de gestión sólido en sus soluciones en la nube. Asegúrese de que sea una arquitectura abierta y compatible con versiones posteriores. Esto asegurará que su solución en la nube siga siendo robusta y manejable.

### ¿Por qué los científicos de datos necesitan herramientas en la nube para ofrecer el valor de los datos para las empresas?

Los científicos de datos ayudan a las organizaciones a comenzar a usar los datos con fines transformativos. Los científicos de datos siguen teniendo una gran demanda hoy en día debido a la gran cantidad de datos con los que las organizaciones tienen y necesitan lidiar. Existen alrededor del 80% de los datos no estructurados que las organizaciones reciben en forma de redes sociales, correos electrónicos, videos e imágenes.

Con el crecimiento de la computación en la nube, los científicos de datos necesitan lidiar con las nuevas cargas de trabajo de los dispositivos del IoT (Internet de las cosas), la inteligencia artificial y los análisis. El acceso a los datos en la nube es importante para cualquier científico de datos hoy en día, y requieren una plataforma centralizada y accesible en todos los equipos.

A medida que el crecimiento digital continúa impulsando a muchas compañías e industrias en todo el mundo, existe una creciente necesidad de registrar y administrar datos nuevos y heredados.

Una vez que un científico de datos tiene el acceso fácil a estos datos en particular, ya está equipado con las habilidades adecuadas para analizar los volúmenes cada vez mayores a través de la tecnología de la nube y convertir la información en información que puede cambiar las industrias y las empresas.

La mayoría de las empresas emplean a un científico de datos para construir un algoritmo y un modelo de aprendizaje automático, que forma parte de su trabajo favorito. Los científicos de datos gastan alrededor del 80% en la búsqueda, limpieza y organización de datos. Esto deja solo el 20% al análisis de los datos.

Como resultado, las organizaciones deben crear nuevos servicios y tecnología en la nube para dar a los científicos de datos las herramientas necesarias para buscar y organizar datos masivos rápidamente. Esto reservará más tiempo para concentrarse en donde sus habilidades son más valiosas. Estas áreas incluyen el análisis y el trabajo con el creciente conjunto de datos generado por los sensores y los usuarios. La nube es el terreno principal que permitirá a los científicos de datos guardar, acceder y extender modelos.

# Capítulo 12: Redes neuronales artificiales

El aprendizaje automático es una rama de la informática que impulsa el rápido desarrollo de la inteligencia artificial. El aprendizaje automático estudiará un algoritmo y permitirá que las máquinas reconozcan patrones, desarrollen modelos y generen videos e imágenes a través del aprendizaje. Los algoritmos de aprendizaje automático se pueden crear utilizando diferentes métodos, como agrupación, árboles de decisión, regresión lineal y muchos otros.

**¿Qué es una red neuronal artificial?**

La red neuronal artificial es impulsada por los modelos biológicos del cerebro y las redes neuronales biológicas. En resumen, la red neuronal artificial (RNA) se refiere a una representación computacional de la red neuronal humana que altera la inteligencia humana, la memoria y el razonamiento. Pero, ¿por qué el sistema cerebral humano debe desarrollar algoritmos ML eficaces?

El principio fundamental de RNA es que las redes neuronales son efectivas en los cálculos avanzados y en la representación jerárquica del conocimiento. Las dendritas y los axones conectan las neuronas en redes neuronales complejas que pueden pasar e intercambiar información, así como almacenar resultados de cómputo intermedios.

Por lo tanto, un modelo computacional de tales sistemas puede ser efectivo en procesos de aprendizaje parecidos a los biológicos.

El algoritmo de percepción creado en 1957 fue el ensayo para construir un modelo computacional de una red neuronal biológica. Sin embargo, las redes neuronales avanzadas que tienen múltiples capas, neuronas y nodos se hicieron posibles recientemente.

RNA es la razón del reciente éxito en visión y reconocimiento de imágenes por computadora. El procesamiento de lenguaje natural y otras aplicaciones del lenguaje de máquina buscan extraer patrones complejos de datos. Las redes neuronales son muy útiles cuando uno quiere estudiar hipótesis no lineales que tienen muchas características. La construcción de una hipótesis precisa para un espacio de características masivas puede requerir que se tengan múltiples polinomios de alto orden que, inevitablemente, resultarían en un sobreajuste. Esta es una situación en la que un modelo revela ruido aleatorio en los datos en lugar de los patrones subyacentes de las relaciones. El problema con el exceso de ajuste implica problemas de reconocimiento de imagen. Aquí, cada píxel representa una característica.

**Una red neuronal simple que tiene una sola neurona**

La red neuronal más simple tiene una sola "neurona" como se muestra a continuación.

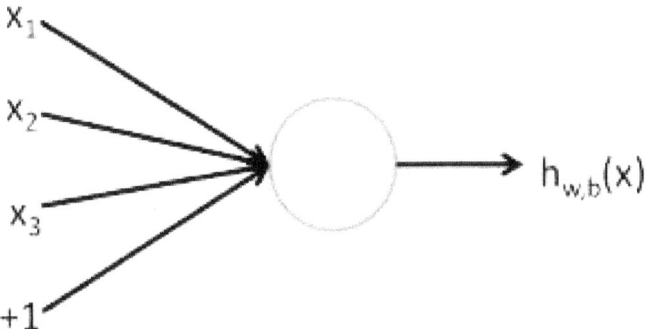

Al aplicar una analogía biológica, esta neurona representa una unidad computacional que asume entradas a través de entradas eléctricas y las transfiere usando axones a la siguiente salida de red.

En la red neuronal simple anterior, las dendritas se refieren a las características de entrada (x1, X2) y la salida es el resultado de la hipótesis hw, b (x). Aparte de las características de entrada, la capa de entrada de la red neuronal contiene una unidad de polarización que es equivalente a 1. Se requiere una unidad de polarización para aplicar un término constante en la hipótesis de la función.

En el aprendizaje automático, la red anterior contiene una sola capa de entrada, una capa oculta y una capa de salida. Para implementar el proceso de aprendizaje para esta red, la capa de entrada acepta características de entrada para cada muestra de entrenamiento y alimenta a la función de activación que calcula la hipótesis en la capa oculta.

Una función de activación es una regresión logística aplicada en la clasificación. Sin embargo, también son posibles otras opciones. En el caso anterior, una sola neurona es similar a la asignación de entrada-salida definida por una regresión logística.

$$y = \varsigma(x) = \frac{1}{1+e^{-x}}$$

## Red neuronal multicapa

Para poder entender cómo funciona la red neuronal, es importante formalizar el modelo y explicarlo en un escenario en el mundo real. La imagen de abajo representa una red multicapa con tres capas y varias neuronas. En este caso, al igual que una red de una sola neurona, hay una capa de entrada que tiene tres entradas (x1, x2, x3) que tiene una unidad de polarización adicional (+1). La segunda capa de red es una capa oculta que tiene tres unidades representadas por funciones de activación. Esto se denomina capa oculta porque no se observan los valores que se calculan en ella. Básicamente, una red neuronal contiene múltiples capas ocultas que pasan cálculos y funciones avanzados desde las capas de superficie hasta la parte inferior de la red neuronal. El diseño de una red neuronal con muchas capas ocultas se usa constantemente en el aprendizaje profundo.

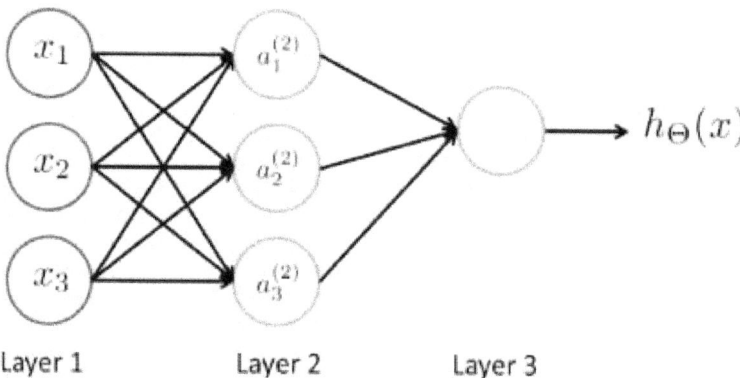

Layer 1    Layer 2    Layer 3

La capa 2 oculta tiene tres neuronas (a12, a22, a32). Cada neurona de una capa oculta activa la capa j. En este caso, una unidad a1 activa la primera neurona de la segunda capa. Activación significa que el valor que se calcula mediante la activación de la función en esta capa es enviado por el mismo nodo a la siguiente capa.

La capa 3 es la capa de salida que recibe los resultados de la capa oculta y aplica su propia función de activación. Esta capa calcula el valor final de la hipótesis. A continuación, el ciclo continúa hasta ese punto cuando la red neuronal presenta el modelo y los pesos que predicen de forma más clara los valores de los datos de entrenamiento.

# Capítulo 13: Modelado y caracterización de la ciencia de datos

El modelado de datos es un aspecto importante de la ciencia de datos. Es uno de los procesos más gratificantes que reciben la mayor atención entre los estudiantes de la ciencia de datos. Sin embargo, las cosas no son como parecen porque hay mucho más en lugar de aplicar una función a una determinada clase de paquete.

La mayor parte de la ciencia de datos es evaluar un modelo para asegurarse de que sea sólido y fiable. Además, el modelado de la ciencia de datos está altamente asociado con el conjunto de características de información de construcción. Implica diferentes procesos que aseguran que los datos disponibles se aprovechen de la mejor manera.

**Modelo de datos robusto**

Los modelos de datos robustos son importantes para crear la producción. En primer lugar, deben tener un mejor rendimiento en función de diferentes métricas. Por lo general, una sola métrica puede confundir la forma en que un modelo funciona porque hay muchos aspectos en los problemas de clasificación.

El análisis de sensibilidad describe otro aspecto importante del modelado de la ciencia de datos. Esto es algo que es importante para probar un modelo para asegurarse de que sea fuerte. La sensibilidad se refiere a una condición en la cual la salida de un modelo debe cambiar considerablemente si la entrada cambia ligeramente. Esto es muy indeseable porque debe comprobarse, ya que el modelo robusto es estable.

Por último, la interpretabilidad es un aspecto esencial, aunque no siempre es posible. Esto generalmente está relacionado con la facilidad con que se pueden interpretar los resultados de un modelo. Pero la mayoría de los modelos modernos se parecen a las cajas negras. Esto hace que sea difícil para uno interpretarlos. Además de eso, es mejor optar por un modelo interpretable porque es posible que necesite defender la salida de otros.

**Cómo se logra la caracterización**

Para que un modelo funcione mejor, debe requerir información que tenga un amplio conjunto de características. Este último se desarrolla de diferentes maneras. Cualquiera que sea el caso, la limpieza de los datos es una necesidad. Esto requiere solucionar problemas con los puntos de datos, llenar valores perdidos donde sea posible y, en algunas situaciones, eliminar elementos ruidosos.

Antes de utilizar las variables en un modelo, debe realizar una normalización en ellas. Esto se logra utilizando una transformación lineal para asegurarse de que los valores variables giren alrededor de un rango determinado. Por lo general, la normalización es suficiente para convertir las variables en características una vez que se limpian.

Binning es otro proceso que facilita la caracterización. Implica la construcción de variables nominales que se pueden dividir en diferentes características binarias aplicadas en un modelo de datos.

Por último, algunos de los métodos de reducción son importantes para construir un conjunto de características. Esto implica crear una combinación lineal de características que muestren la misma información en menos dimensiones.

**Consideraciones importantes**

Además de los atributos básicos del modelado de la ciencia de datos, hay otras cosas importantes que un científico de datos debe saber para crear algo valioso. Las cosas como las pruebas profundas que utilizan el muestreo especializado, el análisis de sensibilidad y diferentes aspectos del rendimiento del modelo para mejorar un aspecto del rendimiento dado pertenecen al modelado de la ciencia de datos.

**El futuro de la ciencia de datos y el modelado predictivo**

No hay duda sobre la importancia del análisis predictivo. La nueva disciplina basada en algoritmos nos ha permitido proporcionar información sobre la probabilidad de un resultado determinado.

Los casos de uso de la ciencia de datos y el modelo predictivo aparecen como herramientas de planificación de viajes para ayudar a los clientes a definir ubicaciones, fechas, necesidades de hoteles y otros factores que afectan los detalles de los viajes. Estos productos representan una evolución hacia una herramienta de la ciencia de datos fácil de usar que puede convertir a un cliente en un científico de datos.

**De predictivo a prescriptivo**

Los científicos de datos están cambiando hacia una aplicación práctica de modelos prescriptivos en lugar de predictivos. Mientras que el último aplica datos históricos para predecir la probabilidad de eventos futuros, el primero asume que un agente humano activo es capaz de afectar los resultados.

**Definiciones rápidas**

- **Analítica descriptiva:** representa la primera etapa de la analítica empresarial en la que se analizan los datos históricos y el rendimiento.

- **Análisis prescriptivo:** esto representa la tercera etapa del análisis de negocios donde uno determina la mejor forma de proceder.

- **Análisis predictivo:** esta es la segunda etapa de análisis de negocios donde elige la mejor forma de proceder.

Los científicos de datos pueden crear un modelo de elevación prescriptiva para determinar las posibilidades de convertir una ventaja con una oferta determinada. Por ejemplo, para determinar si el envío de un bono de inicio puede afectar las posibilidades de un potencial empleado de aceptar un trabajo.

De esta manera, se vuelve importante para la planificación proactiva. Además, crea una diferencia de línea entre la máquina y las interacciones humanas. Los modelos predictivos más antiguos, por ejemplo, proporcionan a los usuarios finales una visión de la probabilidad de un evento. Luego, se deja a los agentes humanos que decidan qué pueden hacer con esa información.

Sin embargo, el modelo de elevación prescriptiva puede determinar los eventos de un resultado si los usuarios finales deciden seguir un curso de acción determinado. Por lo tanto, ayuda a determinar si una campaña de marketing puede ganarle a un determinado grupo demográfico o proporcionar soluciones para una campaña política para ganar votos.

Las posibles aplicaciones de este tipo de datos proactivos no se miden. Son especialmente importantes cuando una persona quiere predecir resultados en ventas minoristas, mercadotecnia, política y donaciones caritativas.

## Aprendizaje profundo: máquinas que realizan los patrones de procesamiento

La respuesta al modelado prescriptivo es un desarrollo significativo como resultado de la popularidad de las tecnologías de aprendizaje automático. Los científicos de datos modernos están llamados a trabajar estrechamente con los ingenieros de software para desarrollar nuevas herramientas automatizadas.

La mayoría de estas herramientas que ellos crean utilizan la tecnología de aprendizaje automático. Lo más probable es que haya escuchado hablar del desarrollo tecnológico. Es muy popular en el campo de la ciencia de datos. Pero lo que es más popular es el aprendizaje automático debido a su relación con la Big Data y la ciencia de datos.

El aprendizaje automático proporciona potentes aplicaciones de Big Data y probabilidad estadística. Ayuda a desglosar las divisiones que existen entre el procesamiento de datos y la recopilación de datos.

En este caso, la máquina ajusta continuamente su comportamiento y responde dependiendo de los datos ambientales. Un buen ejemplo de esto es la herramienta de recomendación de Amazon: cuantos más datos ingresan a la herramienta los usuarios a través de la compra y la navegación, más precisa es la recomendación.

Herramientas como estas representan evidencia de interacción en tiempo real entre dispositivos y humanos. Mientras que los humanos responden a los resultados, las máquinas personalizan sus próximas ofertas en función de los comentarios. Esto es como una conversación en comparación con una cadena de comandos.

El aprendizaje profundo es una rama del aprendizaje automático. Modela una estructura y procesa patrones de la mente humana. Las computadoras de aprendizaje profundo se crean utilizando redes neuronales que tienen capas de nodos desarrollados uno encima del otro. Este tipo de arquitectura crea conexiones de una manera no lineal.

Las tecnologías en el aprendizaje profundo son importantes para emular el tipo de procesamiento visual llevado a cabo por el cerebro cuando responde a las señales de los ojos. Por ejemplo, la aplicación de traducción de Google tiene aprendizaje profundo para traducir texto no incrustado de imágenes a otro idioma. Un usuario que viaja a otro país puede tomar una foto de una caja de cereal y subirla al traductor de Google. Luego, Google puede identificar el texto en el cuadro y mostrar una traducción al idioma nativo.

Del mismo modo, hay otro proyecto de Google llamado Google Sunroof que toma imágenes de la aplicación Google Earth y construye modelos 3D de techos utilizando una instalación solar. Al utilizar las redes neuronales del aprendizaje profundo, la herramienta Sunroof puede distinguir las superficies de los techos de los autos o árboles, incluso cuando existen factores oscuros como la cobertura de árboles y la sombra.

Las herramientas de aprendizaje profundo, como estas, permiten a los científicos de datos desarrollar modelos predictivos en función de los datos no estructurados, como audio, video e imágenes, en lugar de depender de información estructurada como números y texto.

**Ciencia de datos que converge con la IA**

Tanto el aprendizaje profundo como el aprendizaje automático son aplicaciones de la Inteligencia Artificial y el cambio constante de las tecnologías de inteligencia artificial. Este tipo de aplicaciones afectan en gran medida la práctica de la ciencia de datos. Las herramientas de inteligencia de IA extienden el proceso de recopilación de datos al procesamiento de datos e incluso dan un paso más para sintetizar los datos en soluciones y diseños.

Por ejemplo, el Proyecto Dreamcatcher de Autodesk usa IA para producir diseños de productos en 3D según los criterios generados por los diseñadores, tales como objetivos funcionales, métodos de fabricación y presupuesto.

La distinción entre este tipo de proyecto y otras herramientas es que no solo permite a los usuarios crear diseños. Sin embargo, proporciona diferentes conjuntos de datos dependiendo de las soluciones y permite a los diseñadores crear prototipos que se centran en problemas personalizados.

Estas herramientas esperan un futuro en el que la ciencia de datos se desvíe de una función analítica estricta y ofrezca información y recomendaciones para el desarrollo de productos y aplicaciones de I + D.

Además de las herramientas de inteligencia artificial que realizan funciones humanas, también lo hacen con mayor eficacia. Máquinas como estas pueden determinar ideas que solo los humanos pueden sentir. Por ejemplo, Affectiva aplica equipos de inteligencia artificial para identificar emociones humanas como la alegría, la ira y la sorpresa.

**Fin de la ciencia de datos impulsada por el hombre**

El éxito de las herramientas automáticas de aprendizaje automático ha llevado a discutir si habrá un momento en que los expertos humanos ya no serán necesarios. La naturaleza avanzada de las redes neuronales podría muy bien automatizar el papel de las redes neuronales, y esto también podría automatizar el trabajo de los científicos de datos.

# Capítulo 14: Cinco técnicas de minería que los científicos de datos requieren en su caja de herramientas

Una de las principales fortalezas de los científicos de datos es su formación sólida en las matemáticas y estadísticas. Las matemáticas les ayudan a crear analíticas complejas. Además de esto, también usan las matemáticas para crear modelos de aprendizaje automático e inteligencia artificial. Como ocurre con la ingeniería de software, los científicos de datos deben interactuar con el lado comercial. Esto implica dominar el dominio para que puedan obtener ideas. Los científicos de datos necesitan analizar datos para ayudar a una empresa, y esto requiere cierta visión para las empresas. Por último, los resultados deben asignarse al negocio de una manera que cualquiera pueda entender. Esto requiere la capacidad de comunicar verbalmente y visualmente los resultados avanzados y las observaciones de una manera que una empresa pueda entender y trabajar en ello.

Por lo tanto, es importante que cualquier científico de datos aspirante tenga conocimiento sobre la minería de datos. La minería de datos describe el proceso donde los datos sin procesar se estructuran de tal manera que uno puede reconocer patrones en los datos a través de algoritmos matemáticos y computacionales.

A continuación, se presentan cinco técnicas de minería que todo científico de datos debe saber:

### 1. MapReduce

Las aplicaciones modernas de la minería de datos necesitan administrar grandes cantidades de datos rápidamente. Para lidiar con estas aplicaciones, uno debe usar una nueva pila de software. Dado que los sistemas de programación pueden recuperar el paralelismo de un clúster informático, una pila de software tiene un nuevo sistema de archivos llamado sistema de archivos distribuidos.

El sistema tiene una unidad más grande que los bloques de disco que se encuentran en el sistema operativo normal. Un sistema de archivos distribuido replica datos para aplicar la seguridad contra fallos de medios.

Además de estos sistemas de archivos, también se ha creado un sistema de programación de nivel superior. Esto se conoce como MapReduce. Es un tipo de computación que se ha fomentado en diferentes sistemas como Hadoop y la implementación de Google. Puede adoptar una implementación de MapReduce para controlar los cálculos a gran escala de manera que pueda tratar los fallos de hardware. Solo necesita escribir tres funciones. Eso es Mapa y Reducir, y luego puede permitir que el sistema controle la ejecución paralela y la colaboración de tareas.

### 2. Medidas de distancia

El principal problema con la minería de datos es la revisión de datos para elementos similares. Un ejemplo puede ser buscar una colección de páginas web y descubrir páginas duplicadas. Algunas de estas páginas pueden ser plagio o páginas que tienen un contenido casi idéntico, pero información diferente. Otros ejemplos pueden incluir clientes que compran productos similares o descubren imágenes con características similares.

La medida de la distancia básicamente se refiere a una técnica que maneja este problema. Busca a los vecinos más cercanos en un espacio dimensional superior. Para cada aplicación, es importante definir el significado de la similitud. La definición más popular es la similitud de Jaccard. Esta se refiere a la relación entre conjuntos de intersección y unión. Es la mejor similitud revelar el parecido textual encontrado en los documentos y en ciertos comportamientos de los clientes.

Por ejemplo, cuando se buscan documentos idénticos, existen diferentes instancias para este ejemplo en particular. Es posible que aparezcan muchos pedazos pequeños de un documento fuera de orden, más documentos para comparaciones y documentos que son tan grandes que caben en la memoria principal. Para manejar estos problemas, hay tres pasos importantes que ayudan a encontrar estos documentos parecidos.

- *Shingling.* Esto implica convertir documentos en conjuntos.
- *Min-Hashing.* Implica convertir un conjunto grande en señales cortas mientras se mantiene la similitud.
- *Hashing sensible localmente.* Se enfoca en pares de señales que puedan ser de documentos similares.

La forma más poderosa en que puede representar activos de documentos es recuperar un conjunto de cadenas cortas del documento.

- Un k-Shingle se refiere a cualquier k de caracteres que pueden aparecer en un documento.

- Un min-hash funciona en conjuntos.
- Hashing sensible localmente.

**3. Análisis de enlaces**

Los motores de búsqueda tradicionales no han proporcionado resultados de búsqueda precisos debido a la vulnerabilidad del spam. Sin embargo, Google logró superar este problema utilizando la siguiente técnica:

- PageRank. Utiliza la simulación. Si un usuario que navega por una página web comienza desde una página aleatoria, PageRank intenta congregarse en caso de que haya monitoreado esquemas específicos desde la página en la que se encuentran los usuarios. Todo este proceso funciona de manera iterativa, lo que significa que las páginas que tienen un mayor número de usuarios se clasifican mejor que las páginas con pocas visitas.

- El contenido de una página se determinó por las frases específicas utilizadas en la página y se vinculó con páginas externas. Aunque es fácil para un spammer modificar una página de la que es administrador, es muy difícil para ellos hacer lo mismo en una página externa de la que no son administradores.

En otras palabras, el PageRank representa una función que asigna un número real a una página web. La intención es que una página con una posición más alta sea más importante que una página que no esté bien posicionada. No hay un algoritmo fijo definido para asignarle la posición a una página, pero hay de diferentes variedades.

Para aquellas cargadas con poderosas aplicaciones gráficas, PageRank aplica el principio de la matriz de transición. Este principio es útil para calcular la posición de una página.

Para calcular el comportamiento de la posición de una página, simula las acciones de usuarios aleatorios en una página

Hay diferentes mejoras que se pueden hacer a PageRank. El primero se llama PageRank sensible al tema. Este tipo de mejora puede dar peso a ciertas páginas fuertemente como resultado de su tema. Si está al tanto de la consulta en una página en particular, es posible que esté sesgado en la posición de la página.

### 4. Transmisión de datos

En la mayoría de las situaciones de la minería de datos, no se puede conocer por adelantado todo el conjunto de datos. Hay momentos en que los datos llegan en forma de flujo y luego se procesan inmediatamente antes de que desaparezcan para siempre.

Además, la velocidad a la que los datos llegan es muy rápida, y eso dificulta que se guarden en el almacenamiento activo. En resumen, los datos son infinitos y no estacionarios. La gestión del flujo, por lo tanto, se vuelve muy importante.

En el sistema de administración de flujo de datos, no hay límite para el número de flujos que pueden caber en un sistema. Cada flujo de datos produce elementos a su propio tiempo. Los elementos deben tener las mismas velocidades de datos y el mismo tiempo en un flujo en particular.

Las secuencias se pueden archivar en una tienda, pero esto hará imposible responder a las consultas de la tienda de archivos. Esto puede analizarse posteriormente en casos especiales utilizando un método de recuperación específico.

Además, hay una tienda de trabajo donde se colocan los resúmenes que uno puede usar para responder a las consultas. La tienda activa puede ser un disco o una memoria principal. Todo depende de la velocidad a la que uno quiera procesar las consultas. De cualquier forma, no tiene la capacidad adecuada para almacenar datos de otras transmisiones.

La transmisión de datos tiene diferentes problemas, como se muestra a continuación:

- **Muestreo de datos en secuencia**

Para crear una muestra de la secuencia que se utiliza en una clase de consultas, debe seleccionar un conjunto de atributos que se utilizarán en una secuencia. Al aplicar un hash a la clave de un elemento de flujo entrante, el valor de hash puede ser el mejor para ayudar a determinar si todos o ninguno de los elementos de la clave pertenecen a la muestra.

- **Filtrado de flujos**

Para aceptar las tuplas que se ajustan a un criterio específico, las tuplas aceptadas deben pasar por un proceso separado de la secuencia, mientras que el resto de las tuplas se eliminan. El filtrado de Bloom es una técnica maravillosa que se puede usar para filtrar flujos para permitir que los elementos de un conjunto determinado pasen mientras se eliminan elementos extraños.

Los miembros del conjunto seleccionado se dividen en cubos para formar bits. Luego, los bits se configuran en 1. Si desea probar un elemento de un flujo, debe agrupar el elemento en un conjunto de bits mediante la función hash.

- **Contar elementos específicos en una corriente**

Considere los elementos de flujo elegidos de un conjunto universal. Si desea conocer la cantidad de elementos únicos que existen en una secuencia, es posible que deba contar desde el inicio de la secuencia. Flajolet-Martin es un método que a menudo aplica elementos a enteros, descritos como números binarios. Al usar muchas de las funciones hash e integrar estas estimaciones, finalmente obtendrá una estimación fiable.

## 5. Artículo frecuente - Análisis de conjuntos

El modelo de cesta de mercado presenta muchas relaciones. Por un lado, hay artículos, y en el otro lado, hay cestas. Cada cesta contiene un conjunto de artículos. La hipótesis que se crea aquí es que el número de artículos en la cesta siempre es menor que el número total de artículos. Esto significa que, si cuenta los elementos en la cesta, debe ser alto y grande para que quepa en la memoria. Aquí, los datos son similares a un archivo que tiene una serie de cestas. En referencia al sistema de archivos distribuido, las cestas representan el archivo original. Cada canasta es de tipo "conjunto de artículos".

Como resultado, una técnica familiar popular para caracterizar datos en función del modelo de cesta de compra es descubrir conjuntos de artículos frecuentes. Estos son conjuntos de artículos que revelan la mayoría de las canastas.

El análisis de la cesta de mercado se aplicó previamente en supermercados y cadenas de tiendas. Estas tiendas rastrean el contenido de cada cesta de mercado que un cliente trae a la caja. Los artículos representan productos vendidos por la tienda, mientras que las cestas son un conjunto de artículos que se encuentran en una sola cesta.

Dicho esto, este mismo modelo se puede aplicar en muchos tipos de datos diferentes, tales como:

• **Conceptos similares.** Deje que los artículos representen palabras y cestas de documentos. Por lo tanto, un documento o una cesta tiene palabras o elementos disponibles en el documento. Si tuviera que buscar palabras que se repiten en un documento, los conjuntos contendrían la mayoría de las palabras.

• **El plagio.** Puede dejar que los artículos representen documentos y cestas para ser sentenciados.

**Propiedades de los conjuntos de elementos frecuentes a conocer**

- **Reglas de asociación.** Estos se refieren a las implicaciones en caso de que una cesta tenga un conjunto específico de artículos.
- **Monotonicidad.** Una de las propiedades más importantes de los conjuntos de elementos es que si un conjunto es frecuente, entonces todos sus subconjuntos son frecuentes.

# Capítulo 15: El concepto de árboles de decisión en la ciencia de datos

Los árboles de decisión son un tipo simple y poderoso de análisis de múltiples variables. Esto ofrece una funcionalidad única para complementar para:

- Técnicas y herramientas de minería de variedades de datos.
- Métodos tradicionales de análisis.
- Métodos multidimensionales de análisis e informes recientemente inventados en el campo de la inteligencia.

Los árboles de decisión son generados por algoritmos que tienen diferentes formas de dividir los datos en segmentos. Estos segmentos se combinan para convertirse en un árbol de decisión invertido que tiene un nodo raíz como el origen en la parte superior del árbol. El propósito del análisis se identifica en el nodo raíz. Este puede ser una pantalla simple y unidimensional en la interfaz del árbol de decisión. El campo principal del análisis de datos se muestra junto con la distribución de los valores encontrados en el campo. A continuación, se muestra un árbol de decisión simple. Este tipo particular de árbol representa una forma continua y categórica de análisis objetivo.

Un árbol de decisión está guiado por la regla de decisión donde debe formar ramas debajo del nodo raíz. Esto se originó a partir de un método que identifica la relación entre el análisis de objetos y el campo objetivo y muchos otros campos que actúan como entrada para construir sucursales. Los valores contenidos en la entrada se conocen como respuesta o una variable dependiente.

Una vez que se desarrolla la relación, se vuelve fácil construir un árbol de decisiones que describa la relación que existe entre las entradas y los objetivos. Luego, las reglas se pueden seleccionar y usar para demostrar el árbol de decisiones que ofrece una forma en la que puede describir y examinar visualmente la relación de red similar a un árbol.

Los árboles de decisión tienen el potencial de predecir nuevos valores u observaciones ocultas que tienen valores para entradas específicas, pero pueden carecer de valores para objetivos específicos.

La regla del árbol de decisión asigna cada observación derivada del conjunto de datos a un segmento dependiendo del valor de una de las columnas en los datos. Las columnas que se toman para construir reglas se conocen como entradas. Sin embargo, hay reglas de división en los árboles de decisión. Estas reglas se aplican una tras otra para ayudar a construir un nido de ramas que generan la forma general de un árbol de decisión. La jerarquía de ramas se denomina árbol de decisión, y cada segmento del árbol se denomina nodo. Si un nodo tiene todos sus hijos, forma un segmento o rama adicional del nodo. Los nodos en la parte inferior del árbol de decisión se llaman hojas.

Para cada hoja, el árbol de decisión tiene una ruta especial para que los datos ingresen a la clase definida como la hoja. Todos los nodos del árbol de decisión comparten una regla denominada regla de asignación mutuamente exclusiva. Por lo tanto, los registros y las observaciones del conjunto de datos principales solo pueden existir en un solo nodo. Una vez que se definen los árboles de decisión, es fácil utilizar las reglas para generar otros valores de nodo en función de los datos que no se ven. En el modelo predictivo, un árbol de decisión generará un valor predicho.

La idea de un árbol de decisión cobró vida hace más de 50 años; el primer árbol de decisión se usó en el estudio de la transmisión televisiva por Belson en 1956. A partir de ese momento, se desarrollaron muchos tipos diferentes de árboles de decisión que tienen como objetivo ofrecer nuevas capacidades en el campo de la minería de datos y el aprendizaje automático. Por ejemplo, una forma del árbol de decisión involucraba el desarrollo de bosques aleatorios.

Un bosque aleatorio consistió en comités de múltiples árboles que aplican una muestra tomada al azar de los datos y entradas. Además, tiene una técnica gratificante para construir múltiples árboles que, cuando se integran, generan una fuerte predicción acerca de la estructura del árbol de decisión.

Aparte del modelado de datos, se puede utilizar un árbol de decisión para explorar y clasificar los datos de cubos tridimensionales que existen en los análisis de negocios y en la inteligencia de negocios.

**La aplicación del árbol de decisiones con más técnicas de modelado**

Los árboles de decisión funcionan mejor con otras técnicas de modelado como la regresión. Estas técnicas son importantes en la selección de entradas o la generación de variables ficticias para representar los efectos de la interacción en las ecuaciones que se ocupan de regresión.

El punto principal en la regresión estratificada es identificar y comprender que la relación en los datos no se ajusta fácilmente a la ecuación de regresión lineal.

Otra razón por la cual los árboles de decisión se usan en la ciencia de datos es que colapsan un grupo de valores categóricos en rangos específicos alineados con los valores de una variable objetivo dada. Esto también se llama colapso de valor óptimo. Un método normal para colapsar los valores categóricos es combinar categorías en una sola. Dado que los árboles de decisión admiten una combinación de categorías con valores similares en relación con el nivel de ciertos valores objetivo, existe una pérdida de información mínima en las categorías de colapso. Esto se traduce en una mejor predicción y resultados de clasificación.

**¿Por qué los árboles de decisión son muy importantes?**

Los árboles de decisión son un tipo de análisis de variables múltiples. Todos los tipos de análisis de múltiples variables nos permiten explicar, describir y clasificar el objetivo. Un ejemplo de una variable múltiple que incluye análisis es la probabilidad de venta o posibilidad de responder a una campaña de marketing debido a los efectos de múltiples variables de entrada, dimensiones y factores. Las múltiples capacidades de análisis de variables de los árboles de decisión le permiten a un individuo explorar otras relaciones y descubrir, así como explicar cosas en el contexto de múltiples influencias.

De hecho, los análisis de múltiples variables son esenciales en la solución de problemas modernos actuales, ya que cada resultado crítico que determina el éxito depende de múltiples factores. Además, ahora está claro que incluso si es fácil construir una causa única, este enfoque puede terminar en un resultado costoso y engañoso.

De acuerdo con diferentes estudios realizados en psicología, se ha descubierto que la capacidad para dominar y manipular adecuadamente diferentes partes del conocimiento se ve reducida por las limitaciones tanto físicas como cognitivas en el procesamiento. Esto se suma a la utilización de técnicas de presentación dimensional y manipulación que son capaces de reflejar y preservar una relación de alta dimensión de una manera más completa.

Hay muchas técnicas de variables múltiples presentes. El lado atractivo de los árboles de decisión depende de su facilidad de uso, robustez y potencia relativa con diferentes datos y nivel de mediciones. Los árboles de decisión se construyen y presentan en un estilo incremental. Por lo tanto, el conjunto de influencias múltiples es un grupo de relaciones de efecto único y causa demostradas en el tipo recursivo de árbol de decisión.

Esto implica que un árbol de decisiones maneja los problemas de memoria corta humana de manera efectiva y fácil de entender que las técnicas complejas de múltiples variables. Los árboles de decisión transforman los datos en bruto en un conocimiento detallado de los asuntos de negocios, científicos e ingeniería. Esto le permite a uno desplegar el conocimiento en una forma simple pero potente para los humanos.

Los árboles de decisión intentan descubrir una fuerte relación entre los valores de entrada y los valores objetivos en un conjunto de observaciones que crean un conjunto de datos. En caso de que se seleccione un conjunto de valores de entrada que tengan una asociación específica con un valor objetivo, todos los valores objetivos se clasifican en un contenedor que forma una rama en el árbol de decisión.

Este tipo específico de agrupación está resaltado por la relación observada entre los valores de cestas y el objetivo. Por ejemplo, si el valor objetivo promedio es muy diferente en las tres cestas creadas por la entrada, entonces se seleccionará cada entrada y determinará cómo se vinculan los valores de entrada al objetivo.

Una relación robusta de entrada-objetivo se desarrolla cuando el conocimiento sobre el valor de la entrada mejora la capacidad de predecir el valor del objetivo. Una relación sólida le permitirá comprender la naturaleza del objetivo. Por lo tanto, está bien que este tipo de relación se use para predecir los valores de los objetivos.

# Conclusión

En el capítulo final, este libro examinó los conceptos importantes que los mejores científicos de datos conocen y aplican en la realización de tareas de la ciencia de datos. El aprendizaje automático, definido como la práctica de usar algoritmos para analizar datos y aprender de ellos, es la clave para que un científico de datos ayude a pronosticar tendencias futuras.

La práctica de la ciencia de datos puede explicarse mejor como una combinación de análisis estadístico, Big Data y minado de datos. Las empresas, compañías y las grandes organizaciones tienen problemas que los científicos de datos deben resolver. Por lo general, la mayoría de estos problemas pueden no ser parte de las tareas estándar de la minería de datos. Por lo tanto, los científicos de datos pueden necesitar dividir el problema en partes más pequeñas que puedan resolverse a menudo comenzando con las herramientas existentes. Para algunas tareas, es posible que no sepa cómo resolverlo. Ahí es donde entra en juego la minería de datos. Al aplicar cuidadosamente las técnicas de minería de datos aprendidas en este libro, puede superar fácilmente algunos de los desafíos a los que se enfrenta.

No olvide que, para convertirse en el mejor científico de datos, debe asegurarse de tener una mente analítica sólida que lo ayude a crear soluciones empresariales eficaces. Aunque es posible que no tenga todas las habilidades y conocimientos que tienen los mejores científicos de datos, todo tiene su punto de partida. Si puede asegurarse el pasar la mayor parte del tiempo aprendiendo y dominando lo que saben los mejores científicos de datos, entonces puede estar seguro de lograr mucho durante su travesía de análisis de datos.

# Segunda Parte: Ciencia de Datos para Empresas

*Modelo Predictivo, Minería de Datos, Análisis de Datos, Análisis de Regresión, Consulta de Bases de Datos y Aprendizaje Automático para Principiantes*

# Introducción

Los siguientes capítulos analizarán todo lo que necesita saber para comenzar como un principiante en la Ciencia de Datos.

La Ciencia de Datos es una nueva industria que está ganando popularidad debido a los valiosos recursos y la información que proporciona a las empresas y negocios. Pueden usar la información de los hallazgos de los científicos de datos para ayudar a tomar decisiones importantes que reducirán los riesgos, harán ganancias, evitarán problemas en el futuro y servirán mejor a los clientes.

Esta guía irá a través de los conceptos básicos de la Ciencia de Datos. Hablará sobre qué es la ciencia de los datos, cómo comenzar con ella y algunos de los algoritmos que puede aprender a usar para obtener la información. También hablará sobre el texto de minería de datos y los desafíos especiales que esto presenta para los científicos de datos, e incluso cómo presentar la información para que tenga sentido para aquellos que la usarían para tomar decisiones importantes de negocios.

Cuando esté listo para comenzar con la Ciencia de Datos, lea este libro y vea cómo puede hacerlo también.

# Capítulo 1: ¿Qué es La Ciencia de Datos?

Muchas empresas ya saben que existe un potencial extraordinario para los datos que conservan. Ya tienen estos datos de sus clientes y otras fuentes; solo necesitan poder aprovecharlo y aprender a usarlo correctamente. Muchas de estas empresas no saben cómo aprovechar este material, y no tienen las habilidades ni los requisitos técnicos para hacer ciencia de datos, por lo que este se ha convertido en un campo de trabajo con una gran demanda. Para aquellos que ya saben cómo hacer este tipo de cosas, realmente puede convertirse en un activo valioso para un negocio. Sin embargo, vamos a echar un vistazo a algunos de los conceptos básicos de la ciencia de datos primero para determinar cómo empezar con esto y qué significa exactamente.

**¿Qué es la Ciencia de Datos?**

La ciencia de datos es un campo que ayuda al usuario a comprender eventos o a obtener información útil simplemente revisando y analizando los datos. Los resultados del análisis se utilizarán para crear una decisión. Esta decisión a menudo la toma una empresa para ayudarles a atender mejor a sus clientes, hacer un producto más nuevo y mejor. Este tipo de decisiones también se conocen como decisiones basadas en datos, y se utilizan para mejorar las habilidades de toma de decisiones, principalmente en negocios, que es el objetivo final de la ciencia de datos.

A primera vista, es fácil pensar que la ciencia de datos es lo mismo que las estadísticas. Sin embargo, cuando hablamos de estadísticas, solo estamos hablando de un tipo de ciencia de datos. La ciencia de datos trabajará con una variedad de campos, como la informática, ciencias de la información, matemáticas y estadísticas, para generar información a partir de un conjunto de datos que pueden ayudar al usuario a tomar decisiones importantes.

**Toma de decisiones basada en datos**

La idea principal de la ciencia de datos es trabajar en la toma de decisiones basada en datos. La toma de decisiones basada en datos es la disciplina de crear decisiones que cuentan con el respaldo de datos analizados que se han recopilado de algunas fuentes relevantes. Sin este tipo de datos, es fácil basar nuestras decisiones en la experiencia, la intuición o en lo que otros dicen ser las decisiones correctas. Sin embargo, todos estos pueden estar equivocados, aunque existe la posibilidad de que no.

Con la toma de decisiones basada en datos, es más fácil tomar decisiones inteligentes y luego respaldarlas con pruebas. A veces se puede combinar con el conocimiento, la intuición y la experiencia para tomar las mejores decisiones. Por ejemplo, alguien que ha trabajado en la industria durante mucho tiempo podría utilizar la información que obtiene de la ciencia de datos junto con su intuición y experiencia para tomar las mejores decisiones.

Por supuesto, no hay reglas realmente establecidas cuando se trata del proceso de toma de decisiones basada en datos. Muchas organizaciones lo utilizan en mayor o menor medida en función de lo que buscan. Algunas empresas optan por confiar plenamente en este tipo de tecnología, y la automatizarán en ciertas áreas de la toma de decisiones en su organización. Un ejemplo de esto es cómo Amazon puede recomendar productos basados en las compras que el usuario ha puesto en su carrito de compras.

Otras compañías usarían personas para diseñar una recopilación de datos personales, usar la tecnología para recopilar estos datos y luego analizarlos, y luego usarán toda esa información para tomar decisiones basadas en ellos. Google hace esto para determinar si los gerentes están haciendo una diferencia en el desempeño de su equipo.

**Aplicaciones de la ciencia de datos**

Encontrará que hay muchas aplicaciones cuando se trata del uso de la ciencia de datos para organizaciones empresariales, agencias públicas y organizaciones sin fines de lucro. Las agencias financieras gubernamentales e incluso algunas corporaciones bancarias utilizan la ciencia de datos para determinar muchas cosas, como proteger a sus titulares bancarios contra el robo de identidad y el fraude bancario y para descubrir quién puede ser un posible lavador de dinero. Los sitios web y otras tiendas en línea utilizarán algunos enfoques automatizados para crear decisiones basadas en datos para personalizar anuncios a sus clientes objetivo.

Esto no es todo, por supuesto. Los sitios web de redes sociales y sus aplicaciones han comenzado a utilizar algoritmos de reconocimiento facial para ayudarles a crear funciones de etiquetado automatizadas. Esto se ve en aplicaciones como Facebook. Su algoritmo a veces puede determinar quién está en una imagen usando estas características. Los servicios de transmisión de música y video a menudo basan sus recomendaciones al usuario en función del historial de navegación del usuario.

Estos son solo algunos de los ejemplos de las aplicaciones de este tipo de ciencia. Básicamente, cualquier organización que quiera recopilar datos y luego usarlos para determinar decisiones importantes en el futuro encontrará que la ciencia de datos puede funcionar para ellos. Algunas compañías realizarán el trabajo por su cuenta y agregarán parte de su conocimiento y experiencia sobre la industria para ayudarles a tomar decisiones. Además, algunos pueden contratar y obtener un científico profesional de datos para ayudarles a revisar la información para proporcionar un informe. De cualquier manera, el negocio planea pasar por la información para descubrir cómo tomar buenas decisiones para su compañía en el futuro cercano o lejano con la información que se obtiene de los datos.

Independientemente de la organización o la industria, la ciencia de los datos puede usarse realmente para ayudar a mejorar la eficiencia de toda la organización y mejorar la experiencia del cliente o usuario. Esto puede ayudar a los gerentes, y a los propietarios de la empresa, a aprender cómo tomar decisiones más inteligentes para ayudarlos a ganar más dinero.

### ¿Cómo se hace la ciencia de datos?

Dado que la palabra "ciencia" se usa dentro del nombre, la ciencia de datos se ve a veces como un enfoque científico para extraer conocimiento u otra información de los datos. Al igual que lo hizo con el enfoque científico, la ciencia de datos comenzará con el uso de la observación.

En este caso, el acto de observación incluirá un análisis de datos. Esto se puede hacer a través de un medio automatizado o manual, para generar patrones a partir de esa información. También existe la posibilidad de formular una hipótesis mediante la verificación de los patrones observados como válidos, en lugar de obtener simplemente una coincidencia de datos. Por último, también deberá realizar algunas pruebas para verificar el modelo creado que se le entrega.

Además de ser un tipo de ciencia, la ciencia de datos puede verse como un campo de estudio que aún está en su infancia. Debido a que todavía es tan nuevo, hay algunas opiniones y posiciones diferentes en cuanto al proceso de cómo debe hacerse. En este libro, veremos tres enfoques para ayudarle a obtener un nivel de comprensión y apreciación.

**Las ventajas y desventajas de la ciencia de datos**

La primera pregunta que tendrá un negocio antes de comenzar con la ciencia de datos para sus necesidades son las ventajas y desventajas de la ciencia de datos. Primero, vamos a echar un vistazo a algunas de las ventajas para ver cómo puede ayudar al negocio.

La primera ventaja es que puede ayudar al negocio a tomar algunas decisiones importantes. En el pasado, el negocio tenía que confiar en su experiencia y conocimiento sobre el mercado y su industria para determinar si estaban tomando decisiones inteligentes. Aquellos que han estado en la industria durante mucho tiempo podrían ser buenos en esto, pero todavía pueden perder información importante que podría ayudarlos. Aquellos que son nuevos en la industria podrían fácilmente cometer muchos errores.

El campo de la ciencia de datos ayuda a los gerentes y tomadores de decisiones a analizar información de diferentes fuentes para ayudarlos a tomar mejores decisiones. Es posible que puedan descubrir qué productos desarrollar, cómo brindar un mejor servicio al cliente, e incluso si hay nuevos datos demográficos para los que se centren sus esfuerzos de mercadeo.

Con las técnicas correctas de la ciencia de datos, la información se puede peinar en muy poco tiempo. Esta información es a menudo tan grande que llevaría años o más el hecho de que una persona lo hiciera y, para entonces, la información estaría desactualizada. El campo de la ciencia de la información podría ayudarle a pasar esta información en poco tiempo, de modo que realmente pueda usarla en tiempo real para ayudar a fortalecer su negocio.

Sin embargo, es importante darse cuenta de que necesita revisar los datos y no siempre tomarlos en serio. A menudo, se recopila una gran cantidad de información importante con la ciencia de datos, pero si no tiene cuidado, puede obtener información errónea. Debe tener una visión objetiva de la información para ver si tiene sentido. Y luego agregue lo que ya sabe sobre la industria y el mercado para ver si puede combinarlos para realmente impulsar su negocio.

**Blitzstein y Pfister**

El primer paso en este proceso de ciencia de datos es hacer una pregunta que sea interesante. Durante esta etapa, utilizará la información que conoce, así como su curiosidad sobre un tema, su madurez y cualquier experiencia que tenga para formular preguntas. Esto puede ayudarle a dirigir la forma en que analiza la información que se presenta. Algunas de las preguntas que tal vez quiera probar durante esta etapa incluyen:

- ¿Cuál es el objetivo?
- ¿Qué le gustaría hacer si tuviera acceso a todos los datos?
- ¿Qué le gustaría estimar o predecir?

Después de formular su pregunta, es hora de pasar al segundo paso. Este paso sucede cuando obtenga los datos. Hay varios procesos informáticos que puede usar para esto, incluyendo consultas de bases de datos, limpieza de datos y raspado web. Puede tener algunas preguntas más que pueda hacer durante esta etapa para ayudarle a avanzar, como, por ejemplo:

- ¿Cómo se muestrearon los datos y afectará eso a los resultados que obtiene?
- ¿Qué datos son los más relevantes?
- ¿Hay algún tema de privacidad a considerar?

Desde aquí, puede pasar al siguiente paso que es explorar los datos. Querrá comenzar por familiarizarse con ello, desarrollar diferentes hipótesis con respecto a los datos y luego determinar los posibles patrones y las anomalías que pueden aparecer en los datos que recopilará. Algunas de las preguntas que puede obtener para esta etapa incluyen:

- ¿Cómo se pueden trazar estos datos?
- ¿Hay algún patrón presente?
- ¿Hay alguna anomalía en los datos que tiene?

Bajo este método, pasaría al cuarto paso. Este paso es modelar los datos que tiene. Puede hacer que algunas opciones diferentes incluyan tecnologías de grandes volúmenes de datos, validación de datos, aprendizaje automático y análisis de regresión para que esto suceda.

Y luego pasará al último paso. Aquí es donde se comunicará con los datos a través de una forma de presentación fácil de entender, ya sea a través de la escritura, la visualización y el habla. Las preguntas valiosas que debe hacer para asegurarse de que puede hacer esto incluyen:

- ¿Qué aprendimos?
- ¿Los resultados que estamos obteniendo tienen sentido?
- ¿Podemos contar una historia de los resultados que obtenemos?

**Provost y Fawcett**

Con este modelo, la ciencia de datos se presentará como un área que está separada de las tecnologías de grandes volúmenes de datos, la procesión de datos y la ingeniería de datos. Se diferenciará porque utilizará esas áreas para ayudar a formular una decisión basada en los datos que se toman en toda la empresa, que se considera por este modelo como el objetivo final de la ciencia de datos. No considerará las otras cosas porque se podrían usar solo para mejorar varios procesos en la organización, pero no están realmente ahí para ayudar a contribuir en el proceso de toma de decisiones.

**O'Neill y Schutt**

Otro modelo que puede utilizar es el modelo O'Neil y Schutt. Con este, los datos se recopilan de diversas fuentes en el entorno. Esto podría incluir una plataforma con la que los usuarios de interés puedan interactuar, un sitio web u otro tipo de base de datos. Los datos que se recopilan de esta fuente se procesan para producir un conjunto de datos limpios y, por lo general, se presentan en una tabla de datos. Este conjunto de datos se utilizará para algunas cosas, como el modelado estadístico y el análisis de datos.

El resultado de este análisis producirá un nuevo conjunto de datos o un nuevo tipo de datos que luego podría procesar para otro conjunto de datos. Ambos se utilizan para completar un modelo estadístico adicional. Los resultados aquí podrían ser un producto de datos que se enviará de vuelta al ambiente o un informe que se podría utilizar para tomar decisiones en la empresa.

**Análisis Exploratorio de Datos**

Este enfoque analiza los conjuntos de datos para resumirlos en sus principales características. Esto puede ser presentado como una ayuda visual o de alguna otra manera. En su mayor parte, este análisis se utiliza para visualizar lo que los datos pueden presentar más allá de las pruebas de hipótesis y las tareas de modelado formal. En algunos casos, los resultados que obtenga podrían usarse para ayudar con los modelos estadísticos. Pasaremos más tiempo cubriendo esto en un capítulo posterior.

**Modelos Estadísticos**

Otra cosa que debemos discutir acerca de la ciencia de datos es el modelo estadístico. Este es un modelo que se aproximará a un fenómeno del mundo real, y entonces, a veces, puede predecir a partir de esa aproximación utilizando algunas ecuaciones matemáticas simples. Dependiendo de dónde decida aplicar este tipo de modelado, la ecuación podría mostrarse como una regresión lineal simple, o podría ser tan complicada como un análisis factorial multivariado.

La ecuación que está ahí para explicar el fenómeno, dependiendo del tamaño de los datos que desee modelar, se puede obtener a través de medios automáticos o manuales, dependiendo de para qué utilizaría los resultados. Cuando se trata del caso de la ciencia de los datos, la cantidad de datos que los analistas utilizarían a menudo requerirá que vayan con un software que pueda automatizar el proceso. Simplemente hay demasiados datos presentes para tratar de revisarlos manualmente, además de que llevaría demasiado tiempo, y un error humano podría provocar que se perdiera información.

**La diferencia entre explorar y explicar**

Cuando se trata de la ciencia de datos, hay dos escuelas de pensamientos que están tomando la iniciativa. La primera está compuesta por es un grupo de personas que creen que el uso de la ciencia de datos debe estar allí para satisfacer la curiosidad del usuario. Creen que revisar los datos para encontrar los diferentes fenómenos y patrones que existen allí debería ser suficiente para los científicos de datos y no deberían tener que hacer nada más con ellos.

También existe la segunda escuela de pensamiento que cree que esta información debe usarse. Puede que no sea suficiente solo ver la información. Este grupo cree que los patrones y los fenómenos que se encuentran en los datos deben ser utilizados por las empresas y organizaciones para crear decisiones. Si la compañía decide hacer esto manual o automáticamente no importa.

Si está utilizando la ciencia de la información para los negocios, es probable que se encuentre con el segundo grupo de pensadores. Querrá utilizar la información y los patrones que recopila de su análisis de los datos para tomar decisiones para el negocio. Estas decisiones podrían ser sobre cómo servir mejor a sus clientes, qué productos probar y qué decisiones importantes tomar en el futuro. Pase lo que pase, está utilizando la información para ayudarle a tomar decisiones comerciales importantes.

# Capítulo 2: ¿Cómo funciona Los Grandes volúmenes de datos en la Ciencia de Datos?

Para comenzar con la ciencia de datos, primero debe comprender de dónde proviene la información que usará. La ciencia de datos no es posible sin la presencia de datos o, de lo contrario, no tendría nada que analizar en el proceso. Además, con la infraestructura que proporcionan las diferentes tecnologías, que procesan mucha información de manera eficiente, muchas empresas están empezando a aprovechar fuentes como el Internet para recopilar información. Aquí es donde entrará Grandes volúmenes de datos.

Echemos un vistazo más de cerca a Grandes volúmenes de datos para que podamos aprender cómo funciona en la ciencia de datos.

**La definición de Grandes Volúmenes de Datos**

Simplificando, los Grandes volúmenes de datos son conjuntos de datos que son demasiado complejos o grandes como para ser capturados, administrados o procesados en un tiempo soportable mediante el uso de herramientas que son comunes. El uso del sistema de administración de base de datos relacional no funcionaría porque hay demasiada información que procesar, por lo que se tardaría demasiado.

Debido a que no había mucho software para mantenerse al día con esto, y las compañías todavía querían poder analizar toda esa información para ayudar a tomar decisiones, se crearon nuevas plataformas de bases de datos. Estas incluyen opciones tales como Hadoop y NoSQL.

Cuando se habla de Grandes volúmenes de datos, hay cinco características únicas de datos. Los tres principales incluyen:

- *Volumen*: Esta es la cantidad de datos que la compañía produce o recibe en un día. Esto equivaldría a terabytes. Por ello, el volumen de Grandes volúmenes de datos será tan extenso que debe almacenarse en varios servidores diferentes. Esto también puede presentar un gran desafío porque se tardaría un tiempo irrazonable en analizar los datos si se realiza manualmente.

- *Velocidad:* Los Grandes volúmenes de datos deben estar disponibles lo más cerca posible del tiempo real. Cuanto más rápido lleguen las personas adecuadas a la información, mayor será la ventaja que tendrán para tomar buenas decisiones para su negocio. La información que se recopiló hace una hora podría perder su relevancia en el momento en que se pueda hacer algo con ella finalmente.

- *Variedad:* Los datos deben provenir de muchos formatos o fuentes diferentes. Es posible que pueda obtener grandes volúmenes de datos de GPS de teléfonos inteligentes, dispositivos internos, foros, tendencias de redes sociales e incluso comentarios en redes sociales. La variedad de la que obtiene sus datos le proporcionará un mejor conjunto de datos.

**Tipos de datos**

Hay tres tipos principales de datos: estructurados, no estructurados y semiestructurados.

*Los datos estructurados* tienen un formato y una longitud predeterminada. Las piezas de información que vienen con datos estructurados son las que se pueden clasificar, agrupar y organizar rápidamente. Un buen ejemplo de esto es lo que puede encontrar al buscar en bases de datos como Access y SQL.

*Los datos no estructurados* son los que no tienen un formato predeterminado. Es difícil para una persona ser eficiente al pasar por la información. Necesitarían software y algoritmos para pasar la información de manera eficaz. Algunos ejemplos de esto incluirían documentos, correos electrónicos, publicaciones en redes sociales, videos y fotos.

*Los datos semiestructurados* son todos los datos que no se ajustan a las bases de datos relacionales o las tablas de datos, pero aún contienen algunos atributos y etiquetas. Este tipo a menudo se denomina *datos de auto descripción.*

Esto significa que la estructura se habrá incrustado en los datos. Ejemplos de esto serían la notación de objetos JavaScript y el lenguaje de marcado extensible, que son diferentes aplicaciones móviles basadas en datos.

**La Arquitectura de Grandes volúmenes de datos**

Encontrará que cuando trabaje con grandes volúmenes de datos, vendrá en cinco capas. Veamos cada capa y veamos qué significarán para sus datos:

*Capa 0*

Los Grandes volúmenes de datos requieren una infraestructura física que sea redundante para manejar los enormes requisitos para computarlo. Esta infraestructura estará vinculada por una red para permitir el intercambio de recursos entre las computadoras que contienen la información, y está ahí para crear copias de seguridad de la información en caso de que haya un fallo en la computadora en el camino. El rendimiento, la disponibilidad, la escalabilidad, la flexibilidad y el costo de esta infraestructura son importantes, y debe tenerlos en cuenta antes de comenzar.

*Capa 1*

Debe existir la cantidad correcta de seguridad para cerciorarse de que los datos internos se mantengan seguros. A menudo es necesario usar cifrado de alta calidad para que nadie pueda alterar la integridad de los datos. Las medidas de seguridad también deben estar implementadas para que pueda detectar amenazas a los datos, como una fuga de datos. La pérdida de datos también debe tenerse en cuenta. El acceso a los datos y todas las aplicaciones que lo rodean deben minimizarse para que haya menos riesgos de error humano.

*Capa 2*

La infraestructura debe emplear el almacenamiento de todos los tipos de datos, incluidos los tres tipos que se analizaron anteriormente. También debe haber cierta atomicidad, coherencia, aislamiento y la durabilidad del comportamiento de la infraestructura o base de datos.

*Capa 3*

Es importante que la infraestructura se organice y compile utilizando tecnologías que provienen de un sistema de archivos distribuidos. También necesita cosas como servicios de serialización y coordinación, herramientas ETL y servicios de flujo de trabajo.

*Capa 4*

Finalmente, la infraestructura debe consolidar los datos recopilados de las bases de datos relacionales y de otro tipo para facilitar el acceso para su posterior análisis.

## Las Ventajas del uso de Grandes Volúmenes de Datos

Con todo el trabajo que conllevan los grandes volúmenes de datos, ¿podría preguntarse por qué alguien querría trabajar con ello en lugar de tratar de trabajar con algo más? En realidad, hay muchos grandes beneficios que se derivan de los grandes volúmenes de datos. Para empezar, los grandes volúmenes de datos le pueden proporcionar a una empresa o negocio datos valiosos que se pueden usar para el análisis de riesgos. Los gerentes de suministro crean previsiones de demanda y planifican el suministro anticipadamente, y mitigan cualquier variación en la disponibilidad de recursos.

Los grandes volúmenes de datos también son una buena manera de ayudar a las empresas de fabricación a mejorar la eficiencia operativa. Cuando se agregan sensores para el análisis de operaciones en la línea de ensamblaje, esto significa que los gerentes de producción pueden recopilar datos y luego crear un modelo que puedan usar para mejorar la eficiencia de la empresa, si la información se usa correctamente.

Los grandes volúmenes de datos ayudan aún más a una empresa a explorar mejores oportunidades de ingresos y si son buenas ideas o no. Con un negocio que está tratando de crecer, esto puede ser de gran importancia. Podrán mejorar la eficiencia de la investigación y el desarrollo para elegir los productos adecuados que les ayuden a obtener los mejores resultados con sus clientes.

Además, los grandes volúmenes de datos ayudan a las empresas cuando buscan mejorar su servicio al cliente. Cuando la empresa tiene una forma de recopilar los comentarios de los consumidores, pueden crear una nueva base de datos sobre el perfil del cliente y los comentarios que reciben. También pueden usar esto para ajustar sus operaciones y los servicios que brindan a sus clientes de acuerdo con la información que obtienen.

## Riesgos del uso de Grandes Volúmenes de Datos

Si bien hay un montón de grandes beneficios que se derivan del uso de grandes volúmenes de datos, también existen algunos riesgos. Los analistas de datos e ingenieros que no realizan el diseño y el análisis adecuado crean datos inadecuados, con un análisis incorrecto. Esto termina con los datos incorrectos que se utilizarían para las decisiones en el negocio. Si la información se lee de forma incorrecta, podría generar una gran pérdida de recursos para el negocio y podría ocasionar muchos otros problemas.

También existe el riesgo de que los grandes volúmenes de datos sean robados con fines infames y fraudulentos. Si esto sucede en gran escala para una empresa, significaría que los clientes dejarán de confiar en la empresa y que el dinero también se perderá. Esto podría ser difícil de recuperar en el futuro.

Además, mantener la infraestructura para el uso de grandes volúmenes de datos podría ser costoso. Tener este tipo de datos en la empresa, y tratar de usarlos para mejorar las operaciones del negocio o aumentar los ingresos, pueden ser dos cosas diferentes. Es importante tener en cuenta la planificación y el establecimiento de objetivos adecuados para este tipo de datos antes de invertirlos en la empresa.

## El Contexto de los datos

Es importante que, si bien puede obtener mucha información de grandes volúmenes de datos, tener acceso a ello no es necesariamente suficiente para obtener una ventaja competitiva a través de la ciencia de la información. El contexto es igual de importante, ya que da sentido a lo que trata toda la información. Debe saber qué significan esos datos y poder interpretarlos correctamente; de lo contrario, tendrá un montón de datos que no le llevarán por delante de la competencia.

Los datos con el contexto adecuado pueden formular problemas de negocios que buscan las razones de por qué ocurrió un evento en comparación con solo buscar lo que sucedió. Con el contexto adecuado, es más fácil para la empresa entender por qué sucedieron las cosas. Y con la comprensión adecuada, una empresa está mejor equipada para aprovechar las oportunidades que existen para un evento similar. También puede tomar las acciones convenientes para corregir las cosas si pareciera que puede haber algo perjudicial para sus ventas u operaciones.

Sin el contexto establecido para los grandes volúmenes de datos, es difícil averiguar qué significa la información. Sin embargo, cuando la empresa sabe lo que está buscando, utiliza el contexto de la industria y sabe lo que está sucediendo con la economía y los comentarios que reciben de sus clientes; descubren que es mucho más fácil entender los grandes volúmenes de datos que reciben. Además, pueden usar esa información para ayudarlos a progresar en el futuro.

# Capítulo 3: Análisis Exploratorio de Datos.

Con la ayuda de todas las tecnologías disponibles que están por ahí para ayudar a automatizar el análisis de datos, es más fácil dar por sentado por qué puede ser un beneficio el tener la mente y el ojo humano sobre los datos que tiene. Un estudio o investigación y los resultados que obtiene son tan buenos como la calidad de los datos utilizados en ello.

Esto significa que incluso con tecnología, un científico de datos necesita investigar la calidad de los datos que se utilizan. No deben solo mirar la información que se les presenta y tomarla a su valor nominal. Deben mirar y ver si es de alta calidad o si algo parece estar mal con el proceso. Aquí es donde el análisis exploratorio de datos puede ser beneficioso.

No siempre es una buena idea confiar en la información que presentan los otros métodos. A veces son geniales, pero siempre es mejor revisar y asegurarse de que la información tenga sentido. Aquellos que simplemente toman la información que reciben, y luego la ejecutan para tomar sus decisiones, pueden encontrar que funciona en algunos puntos, pero no será la mejor opción. De hecho, a menudo conducirá a tomar malas decisiones para un negocio y para llevarlo a la práctica.

Es mucho mejor echar un vistazo a los datos. Puede usar algunos de los otros métodos que tienen la tecnología para ayudar; sin embargo, entonces debe revisar y comprobar la información y asegurarse de que tenga sentido antes de ejecutar la información.

**¿Qué es este análisis exploratorio de datos?**

El análisis exploratorio de datos, o EDA, es un método de análisis de conjuntos de datos para que pueda resumirlos en sus características principales. Puede usar un modelo estadístico para hacer esto, pero EDA está ahí para ver lo que un conjunto de datos puede decirle más allá del modelado formal o la prueba de hipótesis. Sin embargo, está más preocupado por los datos de observación que por los datos de las pruebas de diseño formal. No se limita a un conjunto de técnicas, sino a una filosofía sobre cómo se debe realizar el análisis de datos.

Cuando esté listo para usar EDA, debe recordar que las técnicas se usan con estos objetivos en mente:

- Para ayudar a detectar errores en los datos.
- Verificar cualquier suposición presentada con los datos.
- Ayudar con una selección preliminar de modelos apropiados.
- Evaluar las relaciones y la dirección de las diferentes variables.

Asegúrese de no estar confundiendo la EDA con el análisis de datos inicial, que se centrará en verificar los supuestos que son necesarios para el ajuste del modelo y la prueba de hipótesis. Incluso puede manejar valores perdidos y ajustar las variables, si necesita asegurarse de obtener la información correcta de los datos.

**Tipos de EDA**

Hay algunos tipos diferentes de EDA en los que puede trabajar. El que desee elegir dependerá de la información que desee utilizar y de lo que desee hacer con los datos que tenga. Algunos de los tipos de EDA incluyen:

*EDA univariada no gráfica*

Este es el primer paso para analizar los datos. Con este tipo, habrá solo una variable o característica que se está observando, y que se usa para representar la muestra. Generalmente, el objetivo de la EDA univariada no gráfica es crear una mejor apreciación de la distribución de la muestra y ayudar a concluir cuidadosamente la distribución de la población compatible y la distribución de la muestra. Dado que este es un método no gráfico, los datos utilizados para ello serán objetivos y cualitativos.

*EDA gráfica univariada*

Esto se centra en una sola variable de una distribución de muestra. Sin embargo, cuando se trabaja con EDA gráfica univariada, se tratará más con datos cuantitativos que con datos cualitativos. Algunas de las técnicas incluyen gráficos Q-Q normales, diagramas de caja, diagramas de tallos y hojas e histogramas.

*EDA multivariada no gráfica*

Esto ilustra la relación entre al menos dos variables mediante tabulación cruzada o estadísticas, como la covarianza y la correlación.

*EDA gráfica multivariable*

Esto muestra algunas de las relaciones entre variables; sin embargo, al igual que la EDA gráfica univariada, los datos utilizados son más cuantitativos. La técnica que se usa comúnmente para esto es una plataforma de barra agrupada.

El tipo de EDA que puede usar depende del tipo de información que está viendo, con cuánta información va a trabajar y qué le gustaría hacer con la información cuando haya terminado. Cada uno de estos puede funcionar realmente bien siempre que tenga una idea de lo que está buscando en los datos. Incluso puede experimentar con las diferentes opciones para descubrir qué funcionará mejor para sus necesidades y qué le proporciona la mejor información.

# Capítulo 4: Trabajar con Minería de Datos

Los datos que se almacenan en sus bases de datos y otras infraestructuras tienen muchos potenciales. Sin embargo, tomarse el tiempo para revisar todos los datos no sería práctico si las personas tuvieran que pasar todo esto lentamente. Aquí es donde entra en juego el proceso de minería de datos. Es una tecnología fiable y automatizada que está diseñada para buscar patrones que puedan ser de interés para el negocio.

La exploración de datos podría ser el siguiente paso después de que el propietario o gerente de la empresa reflexione sobre un problema que ellos piensan que la ciencia de datos podría resolver, o podría ayudar a proporcionar una observación a un científico de datos que podría suministrar información valiosa para mejorar el negocio. La minería de datos puede facilitar la tarea de hacer esto.

Echemos un vistazo a cómo comenzar con este proceso.

### ¿Qué es la minería de datos?

La minería de datos es un proceso automatizado y dirigido a la exploración de datos. Encuentra patrones de un gran conjunto de datos utilizando subtareas bien definidas (que se analizan más adelante). La minería de datos da sentido a todos los grandes datos relacionados con la ausencia o presencia de las relaciones entre las variables. También puede ver la explicación de acciones pasadas y una predicción de acciones futuras.

La incapacidad de lograr una solución a un problema cuando no se considera la minería de datos es un fracaso en sí. La minería de datos es una exploración de datos que podría crear una base o una predicción para futuros conjuntos de datos.

**Las tareas de minería de datos**

Como se mencionó anteriormente, la extracción de datos tiene que depender de subtareas para encontrar los patrones que pueden estar presentes dentro de una gran cantidad de datos. Algunas de las tareas incluyen lo siguiente:

*Clasificación*

Este es el intento de pronosticar a qué clase pertenece cada individuo de una población en una gran cantidad de datos. Esto puede ayudar a separar la información, por lo que es más fácil de entender y encontrar la información necesaria. Un buen ejemplo de esto en un negocio sería "en los clientes existentes de la empresa, cuáles tienen más probabilidades de responder a una oferta determinada". Esto tendrá dos categorías: los que responderían y los que no responderían. Es posible tener muchas categorías diferentes en función de lo que se intenta averiguar a partir de la información.

*Regresión*

Esta tarea intenta estimar el valor numérico de una variable para cada parte del conjunto de datos. Las posibles variables podrían incluir elementos como la tasa de uso del servicio en función del uso histórico de cada persona en el conjunto de datos.

*Coincidencia de similitud*

Como su nombre indica, esta tarea trata de identificar a los individuos de la población que tienen variables similares a los individuos seleccionados de la población. Un buen ejemplo de esto es encontrar individuos que coincidan con las variables para los clientes que se consideran la mejor opción para la empresa.

La similitud subyace en muchos métodos y soluciones de ciencia de datos para un problema del negocio. Si dos cosas, como una compañía de productos y personas, son similares en algunos aspectos, a menudo también tendrán características diferentes. Los procedimientos de minería de datos pueden basarse en agrupar cosas por similitud o permitiendo la búsqueda de la similitud necesaria.

Esto se vio en algunos de los capítulos anteriores, donde los procedimientos de modelado crean límites para agrupar las instancias cuando vienen con valores similares para las variables objetivo. Más adelante en este capítulo, analizaremos la similitud con más detalle y mostraremos cómo se aplicará a una variedad de tareas.

*Agrupación*

Esta tarea intenta agrupar a los individuos de un conjunto de datos según las similitudes que tienen, sin poner ningún parámetro. Es un momento para explorar, averiguar la presencia de grupos en un conjunto de datos y, si hay grupos, se pueden usar las variables que crean dichos grupos.

En algunas de las aplicaciones con las que trabaja, es posible que desee buscar grupos de objetos. Por ejemplo, podría usarlo para encontrar grupos de clientes, pero no impulsado por alguna característica de destino preespecificado. ¿Puede usarlo para averiguar si sus clientes forman algunos grupos naturales o segmentos entre ellos? Esto podría ser útil para darle a una empresa una visión general, y luego puede usar esto para comercializar adecuadamente. También puede ayudar a los tomadores de decisiones a hacer algunas preguntas importantes como:

*¿Realmente entendemos a las personas que nos compran?*

Además, puede usarlo para averiguar qué necesita el cliente. ¿Podría la empresa utilizarlo para desarrollar mejores campañas de mercadeo, mejores métodos de ventas, mejores productos o un mejor servicio al cliente al comprender los subgrupos naturales? Este es un concepto que marcará una gran diferencia para las empresas en la forma en que trabajan con sus clientes. La idea básica de la agrupación en clústeres es que desea encontrar grupos de objetos, ya sean clientes, consumidores u otra cosa, donde los objetos dentro de los grupos sean similares, pero los objetos que se encuentran en diferentes grupos no son realmente similares.

También puedes encontrar agrupamientos jerárquicos. A menudo, estos se formarán comenzando con cada nodo que forma parte de su propio grupo. Luego, los grupos se fusionan hasta que solo queda un grupo principal. Estos grupos se fusionan en una variedad de factores, incluida su similitud o incluso la función de distancia que se elige.

Para la agrupación jerárquica, debe tener alguna función de distancia entre agrupaciones, considerando que las instancias individuales son las agrupaciones más pequeñas. Esto a menudo se llama la función de vinculación. Por ejemplo, la función de enlace podría ser la distancia euclidiana entre los puntos más cercanos en cada uno de los grupos, que luego podría aplicarse a cualquiera de ellos.

*Agrupamiento de Coocurrencia*

Esta tarea intenta encontrar conexiones entre entidades que ocurrieron en las mismas transacciones. Un buen ejemplo es la función de recomendación de sitios web de compras en línea como Amazon. Estas características de recomendación presentarán productos que las personas ya han comprado que son similares a lo que otros han recibido.

*Perfilado*

Esto intenta establecer normas de comportamiento para un individuo, un grupo o las acciones de una población. También puede analizar el comportamiento de compra, las ubicaciones de transacción y el uso del servicio. A menudo, esto se usará para detectar anomalías en el comportamiento de un consumidor y se puede usar cuando quiera ver y buscar si hay un problema con el fraude.

**Los dos métodos de minería de datos.**

La minería de datos a través de un conjunto de datos se puede realizar de dos maneras: supervisada y no supervisada.

Cuando la extracción de datos se realiza de manera no supervisada, se buscarán los patrones y las estructuras en los datos que no están etiquetados. Esto, generalmente, se usa para crear la base para otras tareas de minería de datos, que luego se realizarán supervisadas. El resultado de esto se conoce como datos etiquetados.

También puede utilizar la minería de datos supervisada. Esto se hace revisando su conjunto de datos con los datos etiquetados como ayuda. Estos datos etiquetados se utilizarán para identificar individuos en el conjunto de datos. La identificación podría basarse en cualquier variable, como un grupo, correlación o causalidad. Estos datos etiquetados podrían provenir del conjunto de datos en el que se está realizando la minería de datos supervisada o en un nuevo conjunto de datos.

# Capítulo 5: Texto de Minería de Datos

El texto es otra forma de datos y, al igual que cualquier otra forma de datos con la que desee trabajar, se puede transformar para que sea más fácil de analizar. Desafortunadamente, el texto funciona de manera diferente porque es una forma de datos no estructurada y esto puede dificultar la tarea de analizar diferentes tipos de tecnologías. Sin embargo, cuando se trata de texto, hay una gran cantidad de información potencial, por lo que es difícil pasarla por alto.

La base de datos de la compañía sola podría contener una gran cantidad de información en forma de texto. Esto podría incluirse en los registros de quejas de los consumidores, registros médicos, consultas de productos y registros de clientes. Si esto se hace de la manera correcta, los datos que se toman del texto podrían ayudar a la empresa a obtener una idea de cómo se comportan sus clientes y de sus preferencias. Conocer esta información permitiría a la empresa crear mejores servicios, productos y atención al cliente.

Mucha de la información que va a querer de Internet vendrá en forma de texto. Encontrará este texto en las redes sociales, publicaciones de blog, artículos de reseñas y páginas web personales. Ser capaz de obtener la información del texto de estas fuentes marcará una gran diferencia en la cantidad de datos que puede utilizar.

La razón por la que es tan difícil trabajar con el texto se debe a que se trata de una fuente de datos no estructurada que normalmente tendría en los enlaces de tabla, significado fijo, campos y tablas. Esto está destinado a ser entendido por un humano, pero las computadoras no lo entienden fácilmente. Además de una gran cantidad de diferentes longitudes de palabras, campos de texto e incluso órdenes de palabras, es posible que las personas escriban con la ortografía y la gramática incorrectas y también con puntuaciones y abreviaturas al azar.

Debido a todas estas variables, resulta realmente difícil extraer los datos del texto que desea utilizar. La buena noticia es que es posible tomar el mensaje que tiene y convertirlo en texto.

**Cómo convertir su texto en datos utilizables**

Primero se debe cambiar un cuerpo de texto en un conjunto de datos antes de poder alimentarlo a través de un algoritmo de minería de datos. Esto generalmente se hace a través de la misma tecnología que usarán varios motores de búsqueda, como Bing y Google. Hay algunas opciones diferentes que puede usar:

*Bolsa de palabras*

Este enfoque convierte el texto en una forma estructurada. Esto usualmente va a estar en la forma de vector de características. Trata cada documento como una simple colección de palabras individuales. No lo verá todo como un ente entero, sino cada pequeña parte. También ignorará la puntuación, la estructura de las oraciones, el orden de las palabras e incluso la gramática. Cada palabra individual dentro del documento será tratada como una palabra clave potencial que tiene cierta importancia.

A muchas empresas les gusta usar este método porque es fácil y económico de generar y funcionará bien para la mayoría de las tareas que desean realizar con la minería de datos.

*Frecuencia de término*

Con este enfoque, el sistema observará cuántas veces aparece una palabra en un documento en particular y luego utilizará esto para determinar lo importante que es el término. Cuanto más frecuentemente aparece en el documento, más valioso e importante es ese término.

Cada palabra del documento primero tendrá que convertirse para que esté en formato de minúsculas. Esto ayudará porque contaría que las palabras que están en diferentes circunstancias se cuenten como la misma cosa. Además, se eliminarán las palabras que aparezcan o tengan sufijos, de modo que el sistema pueda contar la palabra, sin importar cuál sea la forma original. Y se eliminarán las palabras de parada, o palabras que son realmente comunes, como "el", "y", "de" y "en", por lo que no se confunden con los resultados de esta prueba.

*Frecuencia inversa de documentos*

Este enfoque se utiliza cuando se mide la frecuencia de un término en una colección de documentos. Sin embargo, no solo es responsable de medir con qué frecuencia aparece un término o una palabra. Impondrá un límite superior e inferior para que el término se considere importante. Está haciendo esto para asegurarse de que un término específico no sea demasiado raro o no sea demasiado común como para ser incluido en los resultados.

Sin esta opción, el sistema de minería de datos consideraría la distribución de palabras en todo el conjunto de documentos. Esto se debe a que un término que puede aparecer en menos documentos a veces puede ser más significativo en los documentos que lo contienen.

Aquí hay una fórmula para usar cuando se busca la frecuencia inversa de documentos:

IDF(t) = 1 + log (Número total de documentos/número de documentos que contienen t)

Con esto, la (t) será para cualquier término que se esté buscando.

*TFIDF*

El término frecuencia de documento de frecuencia inversa, o TFIDF, es una combinación de los dos enfoques ya discutidos. Evalúa lo importante que es un término o una palabra para el documento dentro de una serie de documentos. La importancia de este término aumentará cuanto más aparezca en un documento, pero esto se puede compensar con la frecuencia de dicho término cuando se miran todos los documentos. Este enfoque es el que utilizan los motores de búsqueda cuando desean puntuar y clasificar para determinar si una página web o un documento es relevante para una consulta de búsqueda determinada. La fórmula para TFIDF es:

TFIDF(t, d) = TF(t, d) X IDF(t)

*Secuencias de N-gram*

Este enfoque cuenta las secuencias de palabras adyacentes como términos. Un ejemplo de esto es una frase como, *El rápido zorro marrón salta.* Al buscar esto en un documento, se considerará como un término completo y se crearán muestras, por lo que se parece a marrón_rápido, zorro_marrón y zorro_salta. Este enfoque sería útil cuando las frases son significativas en un documento, pero las palabras que componen las frases no son tan importantes.

*Extracción de la entidad nombrada*

Con el enfoque de extracción de la entidad nombrada, las frases significativas serán nombres de una persona, una ubicación, expresiones de tiempos, organizaciones, cantidades, valores monetarios o porcentajes que se contarán como un término. Esto incluiría cualquiera de sus iteraciones conocidas al revisar los documentos. Un ejemplo de esto sería:

G.O.T. o GOT de *Game of Thrones*.

NY Mets de New York Mets.

Estos son solo algunos ejemplos con las abreviaturas, y la extracción de la entidad nombrada garantizaría encontrar las palabras correctas, incluso si el usuario eligiera una forma diferente de escribirlas.

Este enfoque es muy exhaustivo del conocimiento que proporciona. Además, funcionará bien si la persona ha recibido capacitación en una gran cantidad de documentos o si se codifica a mano para que tenga el conocimiento que se desea con todos estos nombres diferentes.

El texto de minería de datos puede proporcionar un desafío único al trabajar en la información de minería que desee. Sin embargo, dado que el texto puede proporcionar una gran cantidad de información importante para la empresa sobre sus clientes y los productos y servicios que proporcionan, todavía es realmente valioso tenerla. Puede optar por utilizar uno de los métodos anteriores para asegurarse de que obtiene la información correcta que necesita, en función de lo que está buscando, para tomar decisiones empresariales importantes.

# Capítulo 6: Algoritmos Básicos de Aprendizaje Automático para Conocer

Los algoritmos jugarán un papel importante en todas las etapas cuando se trabaje en la ciencia de datos. Se utiliza para extraer datos valiosos de cualquier tipo de datos, incluida la forma no estructurada de texto. Además, se utiliza incluso para organizar datos estructurados. Y, lo que es más importante, está allí para crear y luego probar modelos que la empresa usaría para crear las soluciones necesarias para diversas situaciones.

Con la ayuda del aprendizaje automático, todo esto se hace automáticamente. Por esta razón, debe aprender algunos de los algoritmos para el aprendizaje automático si desea poder trabajar con la ciencia de datos.

Ir a través de toda la información por su cuenta no siempre será el uso más eficiente de su tiempo. Si hay una gran cantidad de datos para ordenar, puede tardar demasiado tiempo. O puede terminar perdiendo cosas porque hay demasiada información que revisar.

Aquí es donde entran los algoritmos. Estos van a hacer un montón de trabajo para que se asegure de encontrar el tipo exacto de información que necesita, sin importar lo que sea y sin importar la cantidad de datos que quiera revisar.

**¿Qué son los algoritmos?**

Son códigos complejos que dan instrucciones. Pueden hacer esto para ayudar a completar una tarea o resolver un problema y pueden configurarse para ser completamente automatizados o, al menos, parcialmente. Es una secuencia independiente de acciones que han sido diseñadas para lograr el propósito necesario y, en este caso, es la resolución de problemas. También tiene la capacidad de realizar cálculos, procesar datos y realizar tareas de razonamiento automatizado.

Básicamente, los algoritmos que vamos a analizar están allí para ayudar a darle al sistema las instrucciones que necesitas para comenzar. Puede memorizar estos algoritmos o colocarlos en un lugar seguro para poder utilizarlos cuando necesite usarlos.

**Algoritmo de regresión lineal**

Este es originalmente el de las estadísticas y es uno de los algoritmos más conocidos y usados cuando se utiliza el aprendizaje automático. Él modelará la relación entre la variable dependiente escalar que se denota como "y" y una o más variables independientes que se denotan como "x". Cuando trabajamos con aprendizaje automático, este es el que se utiliza para asegurarnos de que la capacidad predictiva de un modelo mejore porque utiliza datos históricos. En su mayor parte, la regresión lineal será un algoritmo supervisado.

**k-Vecinos más Cercanos**

Este también se puede denotar con el k-NN. Este algoritmo almacena todos los casos necesarios y clasifica los nuevos casos siguiendo la medida de similitud. Se utilizará para ayudar con la regresión y la clasificación de problemas predictivos. Una aplicación común utilizada con esto sería: *¿Elegirá un cliente este producto?*

*¿Sería bueno apuntarlos a un cierto tipo de publicidad? ¿Y es posible desarrollar más negocios con ese cliente?* Todas estas son cosas importantes para entender cómo trabajar cuando se ejecuta un negocio, y el algoritmo k-NN puede ayudar con esto.

## k-means

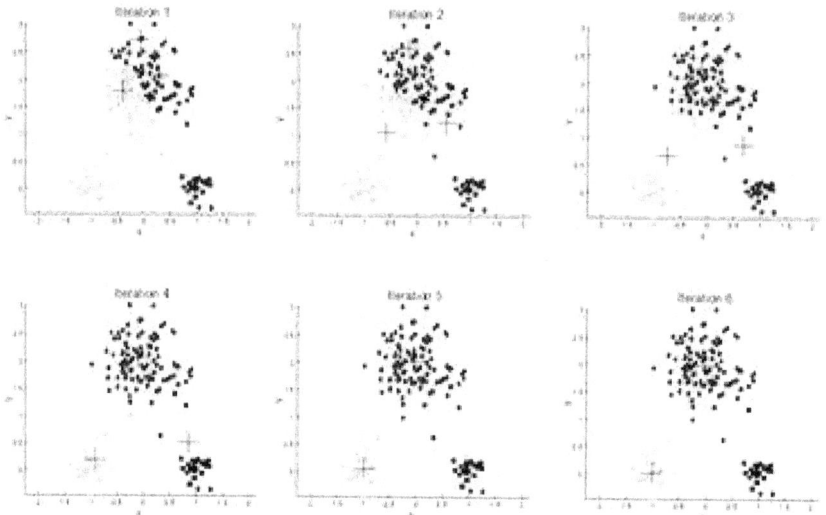

Este es otro algoritmo que forma parte del aprendizaje no supervisado. Es responsable de encontrar grupos dentro de los datos. La $k$ representa el número de clústeres o grupos en los datos. El algoritmo agrupa los puntos de datos en función de las características que comparten en común. Esto resultaría de la agrupación de puntos de datos que puede etiquetar nuevos datos o como datos de capacitación.

Al hacer esto en el negocio, este tipo de algoritmo se usa para encontrar grupos dentro de los empleados o clientes a los que no se les ha dado una etiqueta. A veces, esto puede beneficiar a una empresa porque, dependiendo de quién esté en ella, podría presentar un nuevo grupo demográfico que se puede utilizar para maximizar las ventas. A veces, este nuevo grupo demográfico puede que ni siquiera haya sido considerado como una opción, y, otras veces, puede haber sido investigado para ver si una base de clientes cayó en él.

Si se utiliza k-means para ayudar a clasificar a los empleados, podría terminar proporcionando un grupo demográfico que tenga antecedentes profesionales o educativos específicos, y esto podría terminar siendo la forma en que una empresa se da cuenta de quién es el mejor candidato para un nuevo equipo de la organización. Ya podrían pasar por su equipo personal y descubrir quién es el mejor candidato para ese nuevo equipo, en lugar de tratar de contratar a alguien nuevo o elegir a las personas equivocadas porque no pudieron clasificar la información de manera correcta.

El uso de algoritmos es uno de los mejores modos de trabajar con los grandes conjuntos de datos dentro de una organización. Una empresa quiere asegurarse de que puede encontrar las cosas específicas que necesita la organización para obtener los mejores resultados. El uso de estos algoritmos específicos puede hacer que sea más fácil encontrar exactamente lo que se necesita, sin importar lo grande que sea el conjunto de datos.

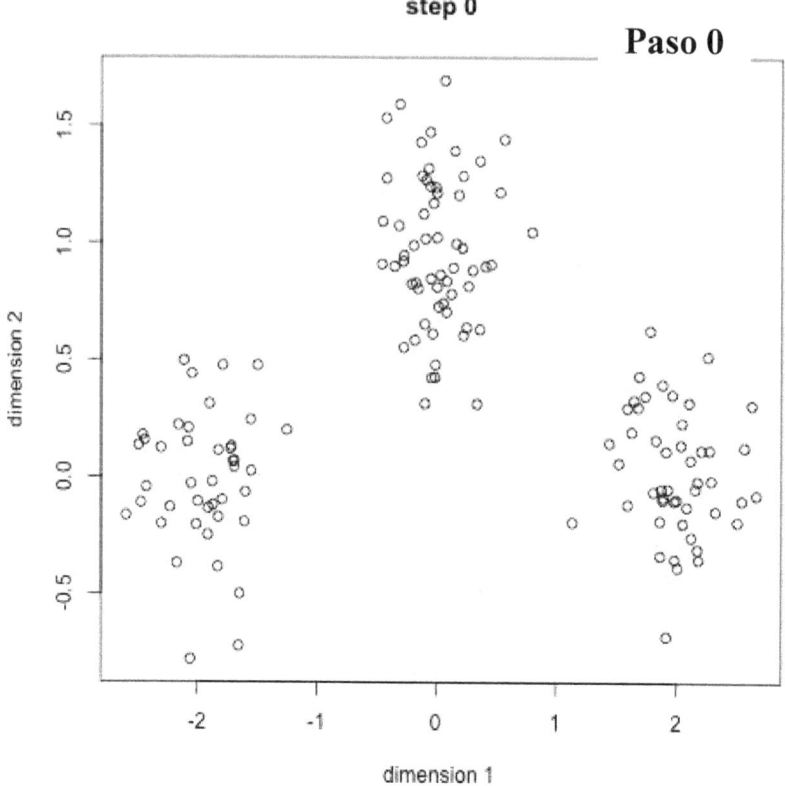

Ahora necesitamos ver un ejemplo de cómo se hace esto:

- Para comenzar, primero seleccionamos el número de grupos o clases que queremos usar. Asegúrate de que inicializa sus puntos centrales al azar para estos grupos.

- Para ayudar a determinar la cantidad de clases que desea usar, puede echar un vistazo a los datos que posee y ver si distintos grupos abarcan la mayoría de los datos que tiene. Los puntos centrales son vectores de la misma longitud que cada vector de punto de datos y son sus $X$ en el gráfico de arriba.

- Cada uno de los puntos de datos se clasificará simplemente calculando la distancia entre ese punto y el centro de cada grupo. Luego, clasificaría el punto para estar en el grupo donde está más cercano a uno de los centros.

• De acuerdo con los puntos que usted eligió, puede volver a calcular el centro del grupo tomando la media de todos los vectores de su grupo.

• Luego, seguiría repitiendo estos pasos para la cantidad establecida de iteraciones que desees. O seguiría hasta que los centros del grupo no cambiaran mucho entre las iteraciones.

• A veces es mejor inicializar aleatoriamente los centros unas cuantas veces y luego seleccionar la ejecución que parece que proporciona los mejores resultados.

Encontrará que k-means tiene la ventaja sobre algunas de las otras opciones porque es bastante rápido. Lo único que está haciendo con esto es calcular la distancia entre los puntos y sus centros grupales. No tiene muchos cálculos con los que trabajar, por lo que hace que sea un poco más fácil obtener los resultados que desea.

**Agrupación Mean Shift**

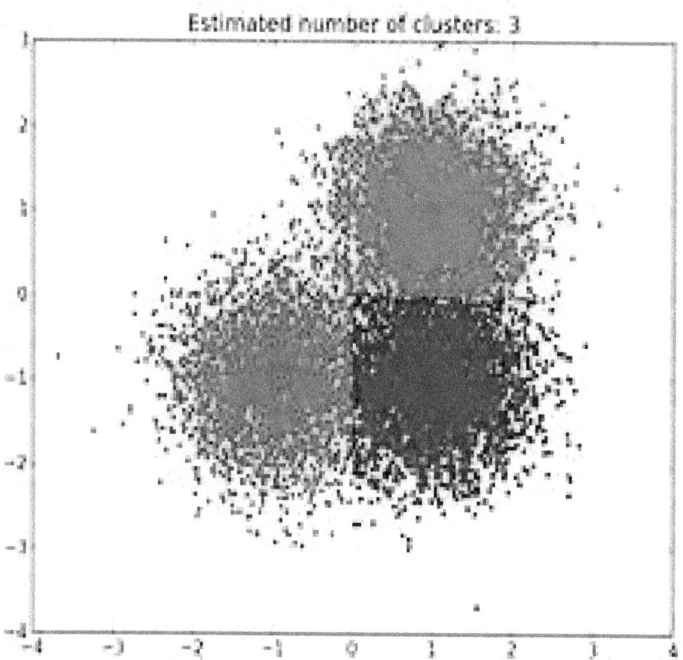

Otra opción con la que puede ir es conocida como Agrupación *Mean Shift*. Este es un algoritmo basado en ventanas deslizantes que trabaja para encontrar áreas densas dentro de todos sus puntos de datos. También es un algoritmo basado en centroide, lo que significa que su objetivo es calcular los puntos centrales de cada clase o grupo y funcionará porque puede actualizar a los candidatos para que el punto central sea la media de los puntos en su ventana deslizante.

Estas ventanas candidatas en particular se filtran durante su etapa de post-procesamiento, por lo que se asegura de eliminar cualquier duplicado. Cuando haya culminado, terminará con un conjunto final de puntos centrales junto con sus grupos correspondientes.

Algunas de las cosas que deberá hacer para trabajar con el agrupamiento *mean shift* incluyen:

- Para ayudar a explicar el *mean shift*, deberá considerar un conjunto de puntos que se colocan en un espacio bidimensional. Comenzaría con una ventana deslizante de un círculo que está centrado en el punto C. El punto C es uno que se elige aleatoriamente, y tendrá un radio $r$ como núcleo. El cambio medio es un algoritmo de escalada que implicará hacer que el kernel se desplace de forma iterativa a una región de mayor densidad en cada paso hasta que alcance la convergencia.

• En cada iteración, esta ventana deslizante se desplazará hacia una región que tiene una densidad más alta. Puede hacerlo cambiando el punto central a la media de los puntos que están dentro de esa ventana.

• La densidad que se encuentra dentro de esta ventana deslizante será proporcional a la cantidad de puntos que hay dentro de ella. Cuando hace esto, naturalmente usted se moverá hacia áreas que tienen más puntos allí.

• Puede continuar desplazando la ventana deslizante por la media hasta que no haya una dirección o no pueda mantener más puntos en su núcleo.

• Repetirá los pasos anteriores con muchas ventanas deslizantes hasta que pueda obtener todos los puntos dentro de esta ventana. Cuando tiene varias ventanas que se superponen, la que tenga más puntos en el interior será la que se mantenga.

# Agrupación espacial basada en la densidad de las aplicaciones con ruido (DBSCAN)

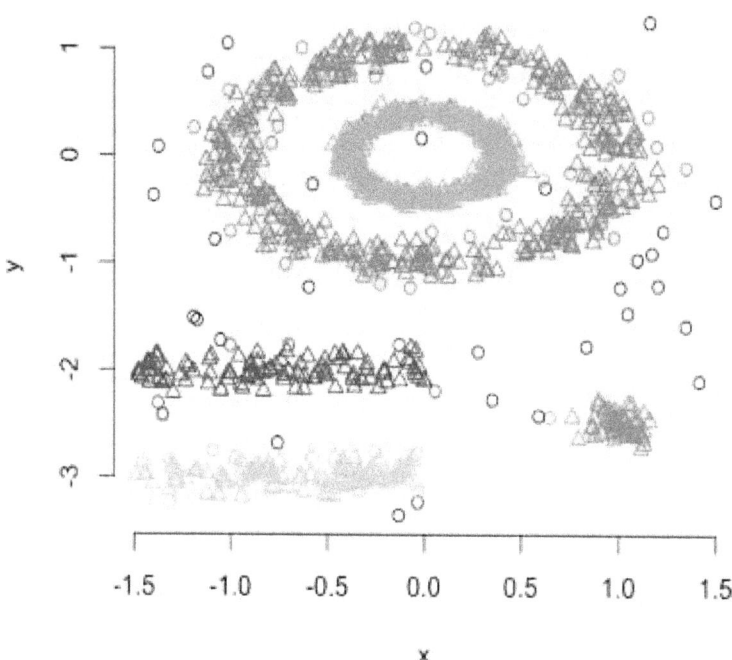

El siguiente tipo de algoritmo con el que puede trabajar se conoce como DBSCAN. Este es un algoritmo agrupado que se basa en la densidad. Es similar a lo que se encuentra con el *mean shift*, pero algunas ventajas vienen con él. Algunas de las cosas que necesita saber al trabajar con DBSCAN incluyen:

- DBSCAN comenzará con un punto de partida que es arbitrario, pero que no se ha visitado. La vecindad de este punto se extraerá utilizando una distancia épsilon. Esto significa que todos los puntos dentro de la distancia épsilon se considerarán puntos de vecinos.

- Si hay suficientes puntos en este vecindario, entonces se iniciará el proceso de agrupación en clústeres, y el punto de datos actual se conoce como el primer punto en su agrupación completamente nueva.

- Si no hay suficientes puntos, ese punto de inicio se etiqueta como ruido. A veces puede convertirse en parte de otro grupo. Sin embargo, de cualquier manera, ese punto se marcará como *visitado*.

- Para el primer punto de su nuevo grupo, los puntos que se encuentran dentro de la vecindad de la distancia de épsilon también se convertirán en parte de ese grupo. Este procedimiento se repetirá para todos los nuevos puntos que se agregaron al grupo.

- Este proceso se repetirá hasta que todos los puntos estén determinados en el grupo. Esto asegura que todos los puntos hayan sido visitados y etiquetados también.

- Cuando haya terminado con el grupo actual, el sistema pasará y encontrará un punto no visitado para comenzar a procesar. Esto seguirá ocurriendo hasta que todos los puntos estén marcados, y los que no estén conectados a un grupo se llamarán ruido.

DBSCAN puede ofrecerle muchas ventajas sobre algunos de los otros algoritmos de agrupación. Primero, no necesita tener un número específico de grupos para que esto suceda. También puede identificar los valores atípicos como ruido, por lo que no solo se añaden y arruinan algunos de los resultados.

La mayor desventaja que viene con el uso de DBSCAN es que no funcionará tan bien como algunos de los otros algoritmos cuando los grupos entren en una densidad variable. Esto se debe a que el ajuste del umbral de distancia puede dificultarlo. Este inconveniente ocurrirá en los datos de alta dimensión.

## Agrupación de Maximización de la Expectativa (EM) con la ayuda de Modelos de Mezcla Gaussiana (GMM)

Uno de los principales problemas con los que se encontrará al utilizar k-means es que es ingenuo cuando utiliza el valor medio para el centro de su grupo. Esta no siempre es la mejor manera de hacer las cosas y puede generar resultados mixtos. Sin embargo, encontrará que los Modelos de Mezcla Gaussianos (GMM) pueden darle más flexibilidad. Con los GMM, podemos asumir que los puntos de datos están distribuidos en Gauss. Esto ayuda porque es menos restrictivo.

Para ayudarle a encontrar los parámetros de Gauss para cada grupo, o la media y la desviación estándar, deberá usar un algoritmo conocido como Maximización de la Expectativa o EM. Para ello, deberá seguir estos pasos:

* Para comenzar, deberá seleccionar la cantidad de grupos que desearía y luego iniciar aleatoriamente los parámetros de distribución de Gauss para los grupos. Puede intentar hacer una buena estimación de esto para ayudar a configurar los parámetros iniciales con solo mirar sus datos si no hay demasiados.

* Dadas las distribuciones gaussianas que elige para cada grupo, querrá calcular la probabilidad de que cada punto de datos pertenezca a un grupo en particular. Cuando un punto está cerca del centro, es más probable que esté en ese grupo. Esto tiene mucho sentido si asume que la mayoría de los datos que está buscando estarán más cerca del centro de su grupo.

* Basándose en esta probabilidad, puede calcular un nuevo conjunto de parámetros para que obtenga las probabilidades máximas de puntos de datos en esos grupos.

- Puede calcular estos nuevos parámetros con la ayuda de una suma ponderada de las posiciones de los puntos de datos. Aquí va a ver dónde están los pesos y las probabilidades de que el punto de datos pertenezca a ese grupo.

- Esto se seguiría repitiendo hasta que obtenga una convergencia donde las distribuciones van a cambiar mucho más, si es que lo hacen, de una iteración a otra.

Dos ventajas principales provienen del uso de GMMs. Primero, estos son más flexibles cuando se trata de la covarianza del grupo. Eso se debe al parámetro de desviación estándar, que permite a los grupos tomar cualquier forma de elipsis en lugar de tener que estar en un círculo.

**La Agrupación Jerárquica Aglomerada (AHC)**

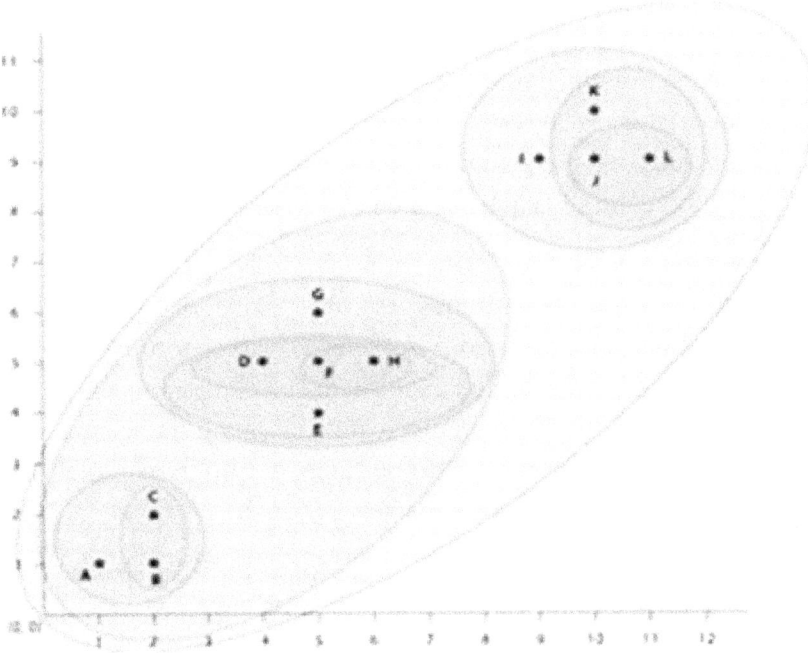

Cuando se trata de usar algoritmos jerárquicos, se dividen en dos categorías: de abajo hacia

Los algoritmos de abajo hacia arriba son los que tratan cada punto de datos como un solo grupo, pero luego comienzan a fusionar los pares de estos grupos. Continuará haciendo esto hasta que termine con un grupo que retendrá todos los puntos de datos.

La jerarquía de los grupos se verá como un árbol. La raíz de este árbol será el único grupo que puede reunir todas las muestras hasta que termine con una sola muestra.

Hay varios pasos necesarios para este agrupamiento:

- Comenzará tomando cada punto de datos y tratándolo como si pertenecieran a su propio grupo. Por lo tanto, si tiene 1000 puntos de datos en el conjunto de datos, entonces comenzará con 1000 grupos.

- Desde aquí, va a seleccionar una métrica de distancia. Esto está ahí para ayudar a medir la distancia entre dos grupos. Utilizará el enlace promedio, que definirá la distancia entre dos grupos para que sea la distancia promedio entre los puntos de datos que están en el primer grupo contra los que están en el segundo grupo.

- Con cada iteración por la que pasa, terminará combinando dos grupos en uno. Los dos grupos que terminan combinándose se seleccionarán porque son los que tienen el enlace promedio, que es el más pequeño. Eso significa que no tienen una distancia muy grande entre sí y son muy similares. Esto le dice al programa que son similares y deben combinarse.

- Continuará repitiendo los pasos anteriores hasta que llegue a lo que se conoce como la raíz del árbol. Esto le da un resultado donde tiene un solo clúster que contendrá todos los puntos de datos. Entonces, con el ejemplo anterior, comenzará con 1000 grupos y luego terminará con uno solo cuando todo esté listo.

- Puede usar esto para elegir con cuántos grupos desea terminar.

▪ Usted le diría al programa cuándo desea que se detenga, aclarando cuándo debería dejar de combinar los clústeres. Por lo tanto, en lugar de dejar que se reduzca a uno, debería decidir sobre cinco grupos o el número que desee.

La agrupación jerárquica no hace que sea un requisito que elija cuántos agrupamientos desea utilizar. Puede dejar que continúe hasta acabar con un solo grupo. Sin embargo, puede revisar y agregar más grupos si lo desea. Esto funciona muy bien si busca separar los datos demográficos de quién le compra o si ya sabe cuántos de estos grupos necesitará desde el principio.

Además, este tipo de algoritmo no será sensible a la elección de la métrica de distancia. Todos van a funcionar igual de bien, mientras que, con los otros algoritmos de agrupación, la elección de la métrica de la distancia será bastante importante.

Notará que trabajar con un algoritmo jerárquico a menudo es bueno para usarse cuando tienes datos con una estructura jerárquica y desea poder recuperar lo mismo. Otros algoritmos de agrupación no pueden hacer esto tan bien como este método. Sin embargo, debes saber que, si bien hay muchas ventajas en el uso de clústeres jerárquicos, no es tan eficiente como algunos de los otros métodos. Tarda más tiempo en comparación con los otros métodos, por lo que, si tiene poco tiempo, puede que este no sea el mejor para usted.

Estos son solo algunos de los diferentes tipos de algoritmos que puede utilizar cuando se trata de trabajar con la ciencia de datos. Necesitará tener una buena idea de la información que tiene, así como la información que desea aprender de los datos, para ayudarle a determinar con qué algoritmo debe ir.

# Capítulo 7: Modelado de Datos

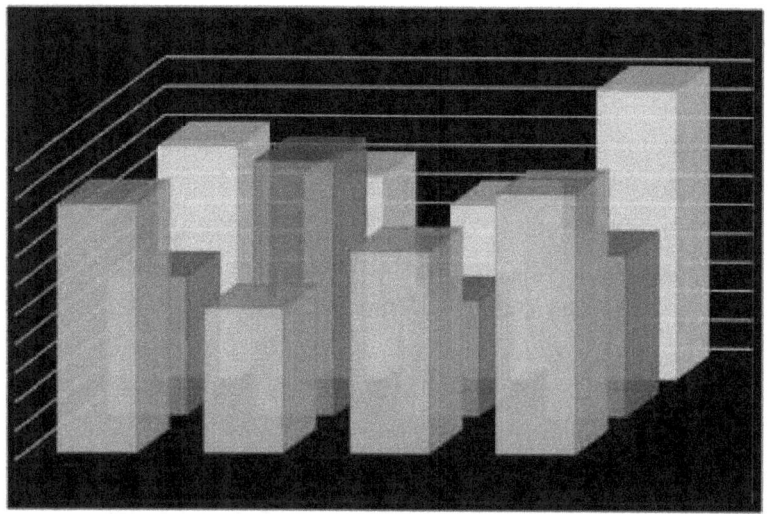

El siguiente tema se conoce como modelado de datos. El proceso de la ciencia de los datos siempre le proporcionará algún tipo de modelo. Este modelo se utiliza para informar a la administración para que puedan usarlo para tomar algunas decisiones comerciales nuevas. O se puede usar para predecir fenómenos que podrían ayudar a ahorrar algo de dinero a la empresa o maximizar las oportunidades que tienen con el menor riesgo posible. El modelado de datos puede hacer todo esto para una empresa, y vamos a analizar más detenidamente qué es y cómo se pueden probar los modelos.

**¿Qué es un modelo?**

Un modelo es una representación simplificada de la realidad creada para servir a algún propósito para el usuario y que se basará en ciertos datos. El propósito puede ser sobre varios temas, pero, generalmente, existe para preservar la información relevante o para simplificar aún más la información.

Además de las dos cosas mencionadas anteriormente, un modelo también se puede usar para pronosticar o predecir lo que sucederá en el futuro, según los datos que la compañía tiene ahora, para que la empresa pueda tomar decisiones con anticipación y ayudarles a aumentar las ganancias, dar soporte a los clientes, ofrecer mejores productos o, al menos, reducir sus riesgos.

Cuando estamos trabajando en la ciencia de datos, estos modelos están ahí para crear una buena imagen de los datos. Hace que los datos sean más fáciles de leer, por lo que es más fácil tomar buenas decisiones a partir de esos datos. El modelo está ahí para proporcionar cualquier explicación que sea necesaria para que los gerentes puedan mantenerse en el camino y evitar grandes problemas. Si se usa correctamente, ayudará a la empresa a evitar pérdidas dolorosas con las que tal vez tengan que lidiar si solo confían en la intuición para tomar sus decisiones.

**Ejemplos de modelos**

Hay algunos tipos diferentes de modelos con los que un científico de datos puede trabajar para obtener los resultados que desea. Algunas de las opciones incluyen:

*Modelo descriptivo*

Estos muestran algunos de los eventos del mundo real que están ocurriendo, así como las relaciones entre los factores que pueden causar estos eventos. Este modelo será utilizado por una empresa para ayudarles a dirigirse a las personas adecuadas cuando se trata de marketing y publicidad. Se generará mediante el uso de estadísticas para ayudar a seleccionar las diferencias y las similitudes entre los grupos de clientes. Podría ayudar a proporcionar muchos conocimientos basados en el comportamiento de compra, los intereses y la demografía (entre otras cosas) del grupo objetivo.

*Modelo lineal*

Esto tiene algunas opciones diferentes según el contexto y cómo a la empresa le gustaría usarlo. A veces se puede utilizar para series de tiempo y modelos de regresión. Un modelo de regresión lineal, por ejemplo, está ahí para mostrar la relación entre al menos una variable independiente y una variable dependiente escalar.

*Modelo predictivo*

Esta es una fórmula que pretende estimar el valor de interés desconocido. Esto vendrá ya sea en una declaración lógica o en una fórmula matemática y, algunas veces, es una combinación de las dos. Estos tipos de modelos se crearán y luego se probarán en función de algunos datos históricos. Un buen ejemplo es una estimación de puntaje crediticio que usaría su historial crediticio para predecir lo probable que es que no pagues en un futuro préstamo. O un servicio de correo electrónico que filtra el spam al recibir información de otros usuarios sobre lo que se informó como correo no deseado.

*Modelo probabilístico*

Esto incorpora variables aleatorias y distribuciones de probabilidad. La variable que use aquí representará cualquier resultado potencial que pueda ocurrir en un evento incierto. Esto incorporará la incertidumbre directamente en el modelo y puede ayudar al negocio a analizar las cosas que son inciertas para ellos.

*Modelo de clasificación*

Esto designa elementos de una colección para ciertas categorías o clases que puede especificar. El objetivo será pronosticar la clase de destino para los elementos en los datos con varias propiedades de un elemento que está presente en el conjunto de datos. Un ejemplo es clasificar a un solicitante de préstamo como de riesgo crediticio bajo, medio o alto. Alternativamente, con su negocio, se podría usar para clasificar a un cliente como un cliente infrecuente, frecuente o leal para su empresa.

**Técnicas de evaluación de modelos**

Ahora que hemos examinado algunos de los modelos más comunes que puede usted usar con la ciencia de datos, querrá aprender cómo probarlos. Probará los modelos antes de implementarlos en el sistema o los reportará al equipo de administración. Esto asegurará que será aplicable incluso fuera del conjunto de datos sobre el que se construyó.

Algunas de las diferentes técnicas de evaluación de modelos que puede utilizar para esto incluyen:

- *Intervalo de confianza:* esto prueba lo fiable, o no, que es la estimación estadística. Cuando la prueba resulta en un amplio intervalo de confianza, esto significa que el modelo que está probando será deficiente o que los datos que se usaron eran bastante ruidosos y estaban desordenados.

- *Matriz de confusión:* esto prueba la validez de sus algoritmos de agrupamiento. Cuanto mayor sea la concentración de observaciones encontradas en la diagonal de la matriz de confusión, mayor será la precisión en ese algoritmo de agrupamiento.

- *Gráfico de ganancia y sustentación:* mide la efectividad de un modelo predictivo. La efectividad se calculará como una relación entre los resultados que se obtuvieron con el modelo y los resultados que se obtuvieron sin el modelo.

- *Gráfico de Kolmogorov-Smirnov:* esto compara cuán cerca están dos distribuciones diferentes entre sí. De estas dos distribuciones, una de ellas será un modelo teórico de estas observaciones. La otra será la distribución no paramétrica que se calculó a partir de sus observaciones.

- *Chi-cuadrado:* Esto es similar a la prueba anterior, pero se considera una prueba paramétrica.

- *Curva ROC:* esta es una versión más corta de lo que se conoce como curva característica del receptor. Es un diagrama en una gráfica que probará la probabilidad de que ocurra una falsa alarma con su detección de probabilidad.

- *Coeficiente de Gini:* mide la dispersión estadística. Originalmente fue diseñado para ver la desigualdad de la distribución de la riqueza de los residentes de una nación.

- *Validación cruzada:* este método evalúa el rendimiento del modelo en el futuro. A veces se puede utilizar con la selección del modelo.

- *Potencia predictiva:* esta es una métrica sintética que se utiliza para elegir qué subconjunto de características en un conjunto específico de datos.

- *Error cuadrático medio:* a menudo se usa porque es bueno para decirle si hay una bondad de ajuste. Se puede usar para probar si su modelo se ajusta a los indicadores de la realidad tal como lo registran sus datos.

El modelado de datos es una buena manera de tomar los datos y colocarlos en un gráfico u otra forma que facilite su lectura y comprensión. Poder hacer esto correctamente y probarlo puede marcar una gran diferencia en lo bien que se puede usar su información. Si el modelado se realiza correctamente, puede usar fácilmente los datos como una forma de hacer predicciones y nuevas decisiones para su negocio en el futuro.

# Capítulo 8: Visualización de Datos

La visualización de datos es importante. Incluso si los datos están en un modelo o en un formato estructurado, los datos en su forma básica a veces pueden ser difíciles de entender o incluso convertirse en una representación visual. Aun cuando es complicado, el científico de datos en algún momento deberá presentar sus hallazgos a la gerencia. La administración no necesitará tener la misma experiencia sobre el proceso como lo hace un científico de datos, pero sí debe ser capaz de comprender la información que se les presenta.

Depende del científico de datos revisar y asegurarse de que no solo pueda organizar la información que se obtiene a partir de los datos, sino que puede presentarla de tal manera que los administradores puedan examinarla y comprenderla. Si la información no tiene sentido o es difícil de leer, los gerentes tendrán dificultades para usar esa información a la hora de tomar buenas decisiones de negocios.

Si usted va a hacer una representación visual para su jefe o gerente de una empresa en función de los datos que encuentre, debe asegurarse de que puedan leerlos correctamente. Si no elabora una buena imagen visual, entonces todo el trabajo que usted hizo no vale nada. Este capítulo analizará la visualización de los datos y lo que debe hacer para comenzar y obtener excelentes imágenes de los datos que encuentre.

**Percepción y cognición**

Las variaciones en la orientación, el color, la longitud y la forma son cosas que la mente humana puede distinguir. Incluso si tiene una tabla que muestra las tendencias en las ventas nacionales e internacionales de su producto cada mes, desearía considerar el uso de colores o formas diferentes para mostrar esta información. Los gerentes podrían observarlo detenidamente y, probablemente, descifrarlo todo, pero quiere asegurarse de que sea lo más fácil posible para que lo lean de manera que pueda hacer estos cambios.

Una forma de hacerlo es tener las ventas internacionales en rojo y las ventas nacionales en azul. Esto ayuda al observador a ver qué sucede con las tendencias de cada uno en solo unos segundos. Luego podrían mirar en su gráfico para ver cuándo están los meses altos y bajos para las ventas, si uno se está quedando atrás en comparación con el otro, y si surge alguna inquietud.

Como científico de datos, no es suficiente con solo analizar la información y entenderla usted mismo. Desea asegurarse de que a la vista del gerente sea fácil de entender. Esto no solo hará que aprecien un poco más su trabajo, sino que también garantiza que lean la información correctamente.

Para asegurarse de aprovechar al máximo la comprensión a través de la percepción del cerebro, los datos que presente deben indicar la naturaleza de la relación entre las diferentes variables. Debe mostrar las cantidades que desea con precisión a través de diferentes tipos de gráficos con solo mirarlos. Además, también debe diseñarse de manera que un observador pueda comparar fácilmente las diferentes cantidades a través de elementos como los colores o el etiquetado.

Debe utilizar la mejor ayuda visual posible según los datos que tenga. Esto variará según la información que estaba buscando para el administrador. Y debería dejar claro cómo las personas deben usar la información que se encuentra en su ayuda visual. En general, desea asegurarse de que cualquier visualización de los datos se juzgue fácilmente en función de su precisión, eficiencia, facilidad y la forma en que se entrega la historia de la información.

**Principios de la percepción de la Gestalt**

En los negocios, las decisiones deben tomarse lo más rápido posible. Los encargados de la toma de decisiones no quieren pasar un montón de tiempo mirando el gráfico y esperando que puedan averiguar la información. La razón por la que contrataron a un científico de datos en primer lugar es para que puedan obtener información rápida y fácilmente, en lugar de examinarla por su cuenta.

Algo interesante para seguir, cuando intenta hacer gráficos y otros elementos visuales que son fáciles de ver, son los *Principios de la Percepción de la Gestalt*. Esto fue el resultado de un estudio que se realizó en 1912. Se llevó a cabo para descubrir cómo las personas perciben la organización, la forma y el patrón. Incluso hoy, los resultados del estudio siguen siendo precisos.

Podrá utilizar los principios básicos de esta idea para facilitar la visualización de datos de la ciencia de datos. Los principios que debe seguir incluyen:

- *Proximidad:* Los elementos que coloque juntos se verán como un solo grupo. Si no desea que pertenezcan al mismo grupo, es necesario que estén separados.

- *Similitud:* Los elementos que tienen la misma forma o color se verán como un grupo.

- *Recinto:* Los elementos que están dentro de una ilustración y que están bordeados por una línea o forma serán un grupo.

- *Cierre:* Cualquier imagen o forma abierta se puede ver como completa o regular, y esa es la cantidad de personas que la verán.

- *Continuidad:* Las formas o elementos que se alinean entre sí se verán como un grupo.

- *Conexión:* Los elementos que están interconectados se ven como un grupo. Tenga cuidado de cómo organizarlos para asegurare de que está agrupando las cosas correctas.

Todo esto puede ser importante cuando está aprendiendo a agrupar información dentro de los gráficos que crea. Desea asegurarse de que las cosas que son iguales se agrupen, pero también debe tener en cuenta el no agrupar accidentalmente las cosas que no deberían estar juntas. Cuando esté creando su gráfica, observe los seis principios de percepción anteriores y vea si puede usarlos para hacer que su gráfica sea más atractiva visualmente para el espectador.

**Cómo utilizar los diagramas para la visualización**

Hay varios tipos diferentes de diagramas que puede usar para mostrar la información que está presentando. El que utilice dependerá de la información que esté mostrando y de qué se verá mejor. Algunas de las opciones que tiene cuando se trata de diagramas incluyen:

- *Gráfico de líneas:* Esto visualiza el valor de su variable durante un período de tiempo. Esto podría durar unos días, meses o incluso años. El eje "x" de este gráfico representará cuánto tiempo se cubre en el gráfico, y el eje "y" es responsable de mostrar la cantidad o el valor que necesita.

- *Gráfico de barras:* Este es el responsable de comparar valores de diferentes variables dependientes en la misma variable independiente. Sus variables dependientes pueden ser una variedad de cosas, incluidos los ingresos de su empresa, la producción, el rendimiento o el desempeño de sus vendedores u otras personas en el negocio. Puede compararlos entre sí en la misma empresa o incluso compararlos con los promedios de la industria.

- *Diagrama de dispersión:* Este es el responsable de visualizar la relación entre la variable (eje x) y otra variable (eje y) dentro de múltiples períodos de tiempo. También puede trabajar con un diagrama de dispersión tridimensional para ayudar a mostrar la información que tiene. Este se crea cuando solo agrega una nueva variable en tu eje "z". Puede ser muy útil cuando se trabaja en la ciencia de datos porque le permite tener más variables presentes.

- *Gráfico circular:* Esto visualiza la distribución de grupos en una población. Puede obtener información para averiguar la edad de sus clientes, y el gráfico circular le dirá qué porcentaje de ellos se incluyen en cada grupo de edad. Esto podría hacerse con muchos datos demográficos para sus clientes (qué productos les gustan y más) y proporcionaría información valiosa.

- *Histograma:* Evalúa la probabilidad de distribución de una variable. Este gráfico puede hacer esto al ilustrar las frecuencias de observación que ocurrirán dentro de un cierto rango de valores.

Todos estos gráficos pueden ser útiles cuando se trata de reunir la información que necesita presentar después de revisar todos los datos. A menudo, el tipo de datos que encuentre determinará cuál de estos gráficos es el mejor para usted. Asegúrese de que cualquiera que elija sea fácil de usar, tenga sentido para los datos, y sea fácil de armar y se vea bien en su presentación.

# Capítulo 9: Cómo usar correctamente la Ciencia de Datos

Si bien hay mucho que puede hacer con la ciencia de datos, debe recordar que se trata principalmente de una herramienta que utiliza en los negocios. Si sabe cómo usarla correctamente y se asegura de ser eficiente con ella, la ciencia de datos puede ser una gran herramienta que le ayuda a limitar su riesgo e incluso a ganar más dinero. Sin embargo, si no lo usa correctamente, podría causar mucho más daño a su negocio que beneficio.

Es fácil cautivarse con todas las posibilidades que puede ofrecer la ciencia de datos. Pero si su empresa no puede permitírselo o si intenta usarla sin la experiencia o los conocimientos adecuados, terminará costándole a su empresa mucho dinero. La mejor manera de evitar esto es asegurarse de que el equipo de ciencia de datos y el equipo de administración sean conscientes de algunos puntos cruciales en el camino.

**Lo que la gerencia necesita saber**

Para obtener la mayor cantidad de datos que tiene una empresa, y la información en Internet, la administración debe pensar en los datos analíticamente. Si la administración no puede hacer esto, se volverán completamente dependientes de los resultados de la extracción de datos y no pensarán por sí mismos. Existe una tonelada de información que proviene del proceso de extracción de datos, pero debe analizarla y combinar su conocimiento y experiencia para obtener los mejores resultados.

Por supuesto, esto no quiere decir que la administración requiera de científicos de datos para entender la información y utilizarla. Solo significa que los gerentes de una organización al menos necesitan conocer algunos de los conceptos básicos para apreciar las diferentes oportunidades que brindará. No desea desperdiciar los valiosos recursos que la ciencia de datos puede proporcionar simplemente porque no entiende cómo funciona o qué puede hacer por usted y tu empresa.

Como gerente, hay algunas cosas que debería poder hacer, incluso si usted no es un científico de datos. Debe poder apreciar todas las oportunidades que brinda esta información, asegurarse de que su equipo de ciencia de datos tenga los recursos necesarios para realizar el trabajo y estar dispuesto a invertir su tiempo y dinero para que se realice la experimentación de datos. Finalmente, debe poder trabajar con su equipo para asegurarse de que estén en el buen camino y obtener información para ayudar a que el negocio avance.

**Cómo la ciencia de datos da una ventaja competitiva**

La ciencia de datos, siempre que se use correctamente, puede dar a una empresa una gran ventaja competitiva en su mercado. Para tener una ventaja sobre la competencia, debe asegurarse de estar siempre uno o dos pasos por delante de ellos. Esto se puede hacer mediante la voluntad y el acto de invertir en nuevos activos de datos y también mediante el desarrollo de nuevas capacidades y técnicas. También requiere que no solo trate la inversión y los resultados de esto como un activo, sino que también debe tratar a su equipo de ciencia de datos y al campo de la ciencia de datos de la misma manera.

Con el mejor equipo de ciencia de datos, podrá obtener la información útil que necesita para ayudar a que su negocio avance hacia el futuro. Hay múltiples empresas que solo dependen de la experiencia y el conocimiento para ayudarlos. Y si usted ha estado en la industria durante mucho tiempo, probablemente lo hará bien. Sin embargo, la mayoría de los que son nuevos en la industria terminarán fallando con esto.

No obstante, incluso si lo está haciendo de forma correcta, la ciencia de datos podría proporcionarle información útil y abrir nuevas puertas en las que tal vez no haya pensado en el pasado.

# Capítulo 10: Consejos para la Ciencia de Datos

Comenzar en la ciencia de datos es una gran idea cuando quiere hacer mejoras en su negocio, pero quiere asegurarse de que está tomando decisiones que serán inteligentes, en lugar de simplemente dar saltos y no saber lo que está haciendo. Tener algunos consejos para hacerlo más fácil, puede suponer una gran diferencia en los resultados que ve.

Echemos un vistazo a algunos de los mejores consejos que puede utilizar cuando comience con la ciencia de datos.

**Entender el negocio antes de comenzar a resolver cualquier problema**

Si bien el científico de datos puede estar emocionado por comenzar, usted debe comprender lo que está buscando antes de poder hacer el trabajo. De lo contrario, puede usar el método o el algoritmo incorrecto o, simplemente, terminará con mucha información que parece un desastre. Es mejor entender el negocio antes de iniciar el proyecto. Si ya trabaja para esa empresa y hace esto internamente, entonces no debería ser un problema.

Algunas de las cosas que debe explorar sobre el negocio para ayudarle incluyen:

> • *Información a nivel del cliente:* Debes tener algunas ideas sobre los clientes que tiene la empresa. Esto podría ser un mes en el mes de desgaste del cliente, una serie de clientes activos y más.

> • *Estrategias de negocios:* Esta sería una mirada a la forma en que la compañía obtiene nuevos clientes y cómo trabajan para mantener a sus valiosos clientes.

> • *Información del producto:* También necesita tener alguna información sobre el producto o los servicios que ofrece la empresa. Puede preguntar cómo interactuará el cliente con los productos y cómo ganan dinero a través del producto. Aprende lo más posible sobre el producto antes de comenzar.

Si puede continuar y responder estas preguntas, entonces es un buen comienzo para trabajar en el proyecto.

**Calcule el método de evaluación correcto que debe usar**

Este no es un problema difícil de resolver para usted como analista, pero también es una trampa en la que algunos se encontrarán.

Digamos que está haciendo la ciencia de datos para crear un modelo de segmentación para una nueva campaña de marketing. Debe saber qué modelo utilizará para obtener la información correcta de su conjunto de datos.

La mejor manera de resolver esto es mirar la información que tiene y averiguar qué método sería el mejor para usted. Algunos tipos de datos se prestarán mejor a un método sobre otro, y lo verá rápidamente. Otras veces, es posible que tenga que probar algunos de los métodos para ver cuál le da los mejores resultados, o al menos los resultados que parecen menos confusos.

**Rompa los silos de la industria para obtener soluciones alternativas**

La analítica se está utilizando en casi todas las industrias de negocios. Entonces, en lugar de permanecer en los enfoques tradicionales, que se encuentran con su negocio en particular, por qué no ir más allá de eso y ver si otras industrias han encontrado la solución que está buscando.

Un buen ejemplo de esto es una solución de video recomendada que se implementó en la industria del comercio electrónico y se puede utilizar cuando se está haciendo un portal de blogs. Sin embargo, la única manera de lograrlo es interactuar con quienes trabajan en la otra industria. Esto puede ayudarle a aprender cómo hacer que suceda y aprender de ellos.

Si solo se sienta en su propia industria y trata de hacer las cosas, quizás vea algo de éxito, pero se está perdiendo algunas grandes oportunidades. Nuestro mundo está cambiando rápidamente, y muchas industrias están usando la misma tecnología de diferentes maneras. Aprender cómo algunas de estas industrias utilizan la ciencia de datos puede terminar ayudando a su propio negocio, incluso si no están realmente relacionados.

**Comprometerse con sus homólogos de negocios**

Usted no debería estar haciendo todo el análisis por su cuenta. Esto le hará perder muchas cosas importantes. Debe interactuar con otros socios comerciales y hablar sobre lo que están buscando, algunas de las cosas importantes sobre su negocio, etc. A medida que avanza en el proceso, debe asegurarse de mantener el contacto con ellos.

A veces esto es difícil. Cuando realiza el análisis para un negocio, a menudo desean mantenerse alejados de los detalles técnicos porque les preocupa que estos detalles sean demasiado complicados. Estarían encantados de recibir los resultados al final y luego revisarlos y tomar decisiones. Sin embargo, si desea hacer el mejor análisis posible, debe tener un flujo constante de interacción entre usted y las personas para las que realiza el trabajo. Esto le ayuda a mantenerse en el camino, a encontrar la información correcta e incluso a encontrar algunos patrones que puede perderse si hace todo el proyecto por su cuenta.

**Mantener el lenguaje simple**

No es necesario silenciar la información para que se diluya, pero a algunos estadísticos les gusta usar formulaciones complejas que las personas fuera del campo no pueden entenderlas. Además, esto es aún más fácil de hacer cuando se trabaja con la ciencia de datos. Sin embargo, lo que debe hacer es observar el resultado de las variables que tiene y luego tratar de encontrar una forma sencilla de ayudar a la empresa a comprender lo que usted les está presentando.

Echemos un vistazo a cómo puede funcionar esto:

Está mirando a través de los datos que tiene que averiguar qué agentes serían los de mejor desempeño una vez que se incorporaron al equipo. Puede encontrar la población estratificada correcta y la forma en que espera que se desempeñen según los datos. En el proceso, usted tuvo que pasar y elegir una palanca que puede haber cambiado la mezcla de población. Lo que haría aquí sería simple. Solo necesitaría implementar una estrategia de tarifa diferencial para poder cambiar la combinación de aplicaciones y esto cambiaría la combinación de población.

Durante este proceso, también querrá asegurarse de aprender el lenguaje de negocios cuando presente sus conclusiones a los líderes de negocios. El proyecto puede ser fácil, pero, a veces, puede tener problemas para venderlo a un negocio. Y, a menudo, la razón de esto se debe a la brecha en la comprensión de las discusiones internas con la empresa.

Es realmente importante que hable el idioma de su audiencia. Es posible tener momentos en que se rechacen los modelos más inteligentes, y los modelos simples son los que le gustan a la empresa. La única razón para esto es que el analista puede hablar de negocios con la compañía mientras presenta sus modelos.

## Seguimiento del plan de implementación elegido

Entonces, una vez que haya analizado el modelo que desea utilizar para este proceso y hable con una empresa, todavía queda mucho por hacer. Necesita establecer algunos seguimientos mensuales (o más a menudo si es necesario) con la empresa para ayudar a comprender cómo se implementó el proyecto y que se está utilizando de la manera correcta.

Desea asegurarse de que el negocio esté a bordo con lo que está haciendo y de que se les presente la información más actualizada posible. No querrán recibir la información una sola vez y luego llamarla buena para siempre. El mundo de los negocios está cambiando tan rápido que la información que hoy encuentran valiosa puede que no cuente en unas pocas semanas o meses. Llegará un flujo constante de nuevos datos, y organizar reuniones con la empresa y con los responsables de manera regular hará que sea más fácil asegurarse de obtener la mejor y más nueva información para tomar decisiones comerciales importantes.

## Lea sobre la industria

La industria siempre está cambiando y creciendo. Mientras que algo pudo haber sido difícil de hacer en el pasado, en unos pocos meses puede ser realmente fácil porque se haya desarrollado una nueva técnica. Puede aprender de otros en el campo e incluso confiar en algunas de las otras industrias que utilizan esta ciencia para brindarle las soluciones que necesita.

Al comenzar con la industria de la ciencia de datos, asegúrese de leer todo lo posible como apoyo. Puede mirar libros, indagar en línea, explorar revistas y más. Cuanta más información pueda obtener sobre la industria, mejor podrá ser en la prestación de servicios de ciencia de datos a sus clientes. Nunca deje de aprender. Esta industria cambiará mucho en un futuro próximo y con un montón de conocimiento disponible, y garantizar que se mantenga actualizado puede ser realmente valioso cuando recién comienza. Nunca se sabe lo que puede aprender en el camino que podría ayudarle a hacer su trabajo mucho más fácil.

**Encuentre nuevas formas de mejorar**

El campo de la ciencia de datos está creciendo a pasos agigantados. Es un campo relativamente nuevo, pero realmente está ayudando a muchas empresas a crecer y a hacerlo bien. El único problema es que, dado que es tan nuevo, está creciendo demasiado rápido y encontrará muchas nuevas técnicas e incluso nuevos métodos en el futuro. Esto realmente puede mejorar lo que puede hacer en la ciencia de datos, pero significa que siempre necesitará actualizar sus habilidades en el camino.

Si está trabajando en un proyecto y descubre que ningunas de sus técnicas del pasado parecen ser las correctas, puede considerar realizar una investigación. Siempre hay nuevas formas de probar, y es seguro que se presentarán más en un futuro próximo. Nunca deje de aprender sobre la industria y lo que tiene para ofrecer y continúe aprendiendo más sobre las técnicas a lo largo del camino. Esto asegurará que proporcione a sus clientes la mejor información posible e incluso puede hacer su trabajo mucho más fácil.

**No tome las decisiones por la empresa**

A menos que sea uno de los gerentes de la compañía que ha comenzado a hacer ciencia de datos, usted no puede tomar decisiones para la compañía y no puede impulsar las ideas que considera mejores. Su trabajo es proporcionar información para la empresa de manera eficiente y rápida. Por supuesto, escribirá un informe sobre la información que encuentre, y de una manera que los responsables de la toma de decisiones puedan leer y ver cuál es el mejor curso de acción. Pero solo debe escribir lo que realmente está allí, sin alterar o cambiar la información y sin dar su opinión.

La compañía que le contrata no está allí para escuchar su opinión sobre el mercado o sobre lo que deben hacer a continuación. Pueden obtener opiniones de todo el lugar si quieren. Quieren que usted revise una gran cantidad de datos e información para ayudarles a descubrir qué pasos deben tomar para mejorar su negocio en el futuro. Si puede hacer esto con un conjunto de datos y presentarlos de manera clara, les irá bien con el negocio.

Comenzar en la ciencia de datos puede ser una opción profesional gratificante y emocionante. Muchas compañías están comenzando a ver el valor de contratar personas o, al menos, capacitar a las personas en su propia compañía, quienes puedan revisar toda esta información para ayudarles a tomar decisiones informadas.

Además, cuando estas empresas encuentran a alguien que les puede dar información precisa, pueden combinarla con su propia experiencia y conocimiento sobre la industria para ayudar a que su empresa avance hacia el futuro.

# Conclusión

Espero que este libro le haya proporcionado todas las herramientas que necesita para lograr sus objetivos.

El siguiente paso es comenzar a utilizar las nuevas habilidades que usted aprendió sobre ciencia de datos. La ciencia de datos es un campo de estudio más nuevo que muchas empresas están aprendiendo rápidamente y es importante para ayudarlos. Cuando se combina con el conocimiento y la experiencia en una industria específica, puede ser una de las mejores maneras de garantizar que tome decisiones empresariales grandes y rentables. Ir a través de todos los datos por su cuenta, especialmente si es grande, puede ser un desafío a veces. Pero la ciencia de datos le muestra los diferentes métodos que puede usar para hacer esto de manera rápida y eficiente.

Esta guía ha repasado los aspectos básicos de lo que necesita saber para comenzar con la ciencia de datos. Analizamos qué es la ciencia de datos, para qué se puede usar, algunas de las diferentes técnicas que puede utilizar con ella e, incluso, cómo trabajar con los algoritmos y el modelado de datos de algunos de sus proyectos.

Ahora, debe estar bien encaminado para comprender qué es la ciencia de la información y cómo puede utilizarla en su propio negocio para tomar decisiones empresariales importantes.

Cuando esté listo para recopilar y analizar grandes cantidades de datos para su empresa y utilizarlos para obtener más información sobre su negocio y sus clientes, asegúrese de consultar esta guía.

# Conozca más libros de Herbert Jones